U0004915

香港分區地圖

中國大陸

9

新

8

香港國際機場 ✈

1

大嶼山

長洲

新界

1. 離島區　　2. 葵青區　　3. 北區　　4. 西貢區　　5. 沙田區
6. 大埔區　　7. 荃灣區　　8. 屯門區　　9. 元朗區

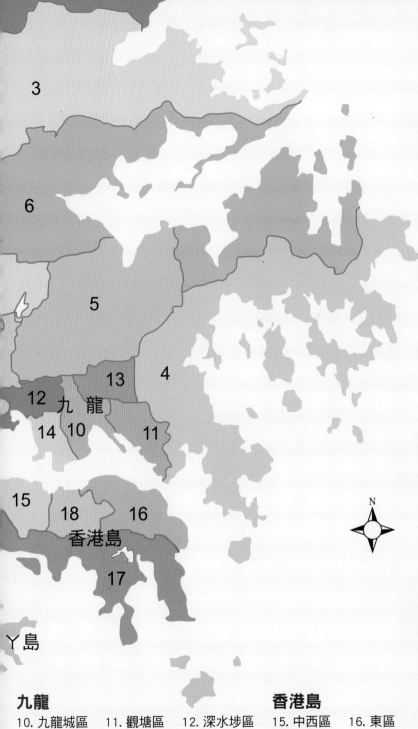

3

6

5

13

4

12 九　龍

14 10

11

15

18 16

香港島

17

丫島

N

九龍

10. 九龍城區　　11. 觀塘區　　12. 深水埗區

13. 黃大仙區　　14. 油尖旺區

香港島

15. 中西區　　16. 東區

17. 南區　　18. 灣仔區

個人旅行主張

有人在旅行中享受人生，
有人在進修中順便旅行。
有人隻身前往去認識更多的朋友，
有人跟團出國然後脫隊尋找個人的路線。
有人堅持不重複去玩過的地點，
有人每次出國都去同一個地方。
有人出發前計畫周詳，
有人是去了再說。
這就是面貌多樣的個人旅行。

不論你的選擇是什麼，
一本豐富而實用的旅遊隨身書，
可以讓你的夢想實現，
讓你的度假或出走留下飽滿的回憶。

有行動力的旅行，從太雅出版社開始。

太雅

個人旅行
106

香港

HONG KONG

文字・攝影 ◎ 林妦妁

太雅

個人旅行 *106*

香港

目錄

▓　**38**　中環、上環

如何使用本書

本書精彩單元有：風情掠影、行程規畫、分區導覽、離島郊區一日小旅行、住宿情報、旅遊黃頁簿。在分區導覽中除了必遊的熱門景點、逛街購物、特色餐飲，並有深度特寫鏡頭，以豐富您的旅遊深度。另外，離島郊區一日小旅行帶您享受不一樣的小島情懷。並附有住宿情報、旅遊黃頁簿，讓您的行前準備與在地的遊玩休憩計畫更臻完美。

熱門景點　　　　　　　逛街購物　　　　　　　特色餐飲

旅行小抄

深度特寫鏡頭　　　　玩家交流

知識
充電站

本書使用圖例

內文資訊符號　　　　　　　　　　　　　　地圖資訊符號

http 網址	💲 票價	🔝 行程	🍴 餐廳
📧 地址	MAP 地圖位置	⛵ 行程種類	🏬 商店
📞 電話	休 公休		🏨 旅館
➡ 前往方式	ℹ 資訊		📷 景點
🕐 營業時間	⏱ 全程時間		🚢 碼頭

※ 全書幣值以港幣為單位。

※ 香港境內各種票價及開放時間每年均會略有異動，本書已盡力更新最新資訊，但是要提醒讀者，購票前請先留意當地最新公布資訊，再行購買。

來自編輯室

作者序

　　離開住了7年的北京來到香港，從觀光客的身分變成了香港居民，這才發現，原來身分的轉變，讓人看事情的角度和視野會變得如此不同。繼《搭地鐵玩遍北京》修訂版後，很高興有機會再與太雅出版社合作！上一本書可說是離開北京的告別作，這次則是希望透過台灣人的眼睛來看香港。排除了一般市面上「處處俱到」的呈現方式，我將景點加以篩選、過濾，範圍縮小成適合短期觀光的旅遊書，並透過詳細的文字介紹，讓大家可以對香港有更深一層的認識。距離台灣一個半小時航程的香港，是一個非常適合度假的地方，別看她地方不大，其豐富的多元性，讓許多人都因此愛上這裡。現在，就讓我帶大家來認識除了吃東西、買東西外，還十分好玩且深具人文氣息的香港。

林婍妁

關於作者　林婍妁 Carrie Lin

　　畢業於台南女子技術學院(台南家專)產品設計組，曾從事平面、產品、網頁設計師、中國生產力中心食品包裝設計顧問、旭寶國際(光寶集團子公司)專案經理等工作。熱愛旅遊與美食，並喜歡以照片記錄生活裡的點滴。旅遊足跡遍布荷蘭、義大利、巴黎、瑞士、布拉格、尼泊爾，曾於東京居住1個月、北京7年，並多次前往新加坡、首爾、泰國等國家。

Facebook社團「出門總有新鮮事」：

www.facebook.com/groups/693654244064126

編輯室提醒

出發前，請記得利用書上提供的data再一次確認。

　　每一個城市都是有生命的，會隨著時間不斷成長，「改變」於是成為不可避免的常態，雖然本書的作者與編輯已經盡力，讓書中呈現最新最完整的資訊，但是，我們仍要提醒本書的讀者，必要的時候，請多利用書中的電話，再次確認相關訊息。

資訊不代表對服務品質的背書。

　　本書作者所提供的飯店、餐廳、商店等等資訊，是作者個人經歷或採訪獲得的資訊，本書作者盡力介紹有特色與價值的旅遊資訊，但是過去有讀者因為店家或機構服務態度不佳，而產生對作者的誤解。敝社申明，「服務」是一種「人為」，作者無法為所有服務生或任何機構的職員背書他們的品行，甚或是費用與服務內容也會隨時間調動，所以，因時因地因人，可能會與作者的體會不同，這也是旅行的特質。請讀者培養電話確認與查詢細節的習慣，來保護自己的權益。

謝謝眾多讀者的來信。

　　過去太雅旅遊書，透過非常多讀者的來信，得知更多的資訊，甚至幫忙修訂，非常感謝你們幫忙的熱心與愛好旅遊的熱情。歡迎讀者將你所知道的變動後訊息，提供給太雅旅行作家俱樂部taiya@morningstar.com.tw

太雅旅行作家俱樂部

香港
風情掠影

新舊融合的魅力

經過英國統治的香港，處處充滿了兩極化現象，當你走在中環、金鐘一帶，四處高聳的建築，新穎又時尚，快速的生活節奏與多變性，如同其他國際大城市一樣充滿魅力。但在大澳這樣的小漁村，你卻會看到人們住在海面上的房子，駕著小小的漁船出海捕魚，並以日曬魚貨的傳統方式生活著。這就是擁有百變面貌的香港，既現代又傳統、新潮又守舊，讓你一次全部體驗到！

跑馬

除了飲茶，跑馬也是香港人生活的一大重點，上班族上網賭賭馬、簽簽六合彩，有閒的人則拿著馬經新聞到馬場認真研究，看看當天馬的狀況、研讀各類分析，全都為了

(圖片提供／香港賽馬會)

哪天可以好運降臨，晉身富豪之列。香港人也喜歡追求新資訊、新潮流，所以不論八卦、旅遊、美食等各類雜誌都以周刊方式推出，以滿足追求新知的需求。

行山

行山(爬山)是香港非常普遍且受歡迎的活動，因為香港多坡地，從難度五級到簡單的斜坡都有，既可以鍛鍊身體，又可以陶冶心靈，尤其山上空氣新鮮、景致怡人，所以無論什麼時候，到處可見行山的人。

飲茶

　　飲茶是香港的特色飲食，所以來香港的朋友，千萬不要錯過上茶樓品嘗地道飲茶美食的機會。如果想多點折扣優惠，早茶和下午茶是最划算的，有些地方的價差甚至可達一半以上喔！香港人上茶樓和台灣人不同，台灣人飲茶以吃東西為主，叫上一桌菜，吃飽就閃人。香港人則是享受飲茶的樂趣，三五好友一起飲茶聊天，或者一個人帶份報紙，點個一盅兩件，悠悠哉哉的看報、品茗，不論哪種方式，都值得體驗一下。

飲茶術語大解密

早市優惠	香港大部分的茶樓酒樓都有早市優惠，折扣大部分是在6～75折，如果在中午11點前結完帳，就可享有此優惠。
點心卡	由於現在大部分茶樓已經沒有手推車，所以點餐要用桌上的點心卡，勾選想要吃的點心和數量，再把點卡給工作人員。
一盅兩件	意思是一壺茶加上兩份點心，是香港人習慣的早餐分量。
茶芥	代表茶資、調味品的費用。
加一	百分之十的服務費。
搭撞	也就是併桌，是香港餐廳常見的情況。
開茶	到茶樓的第一件事就是點一壺茶，在香港又叫作開茶，你可以點完茶之後再慢慢看菜單。
自助洗	飲茶時，通常會提供一個空的大碗和熱水，把熱水倒入一個大碗中，再把杯、筷、湯匙快速地在茶水中洗一洗，就是所謂的自助洗。
常餐	從早供應到晚的套餐，一般會以湯麵為主，再搭配叉燒、午餐肉、五香肉丁或榨菜肉絲。
快餐	不用等候的套餐，通常是全日供應，會附帶咖啡和茶。
打冷	泛指潮州菜，打是吃的意思，冷是指非現做的食物，如滷水(滷味)。
注意事項	1.店員非常忙碌，點單和結帳時容易弄錯，所以最好多注意一下。 2.一些舊區餐廳的廁所平時會上鎖，可到前台借鑰匙開門。 3.台灣冷熱飲都是一樣價錢，但是香港的冷飲則是要加2元。

旅 行 小 抄

點餐請勿慢慢來

香港地狹人多，生活壓力大，無形中容易形成急躁的個性，所以大家在路上行走時，盡量不要在路中央逗留或查地圖，容易擋住疾行的人，招來側目。另外，在台灣習慣進餐廳後，拿本菜單慢慢看，但在香港這寸土寸金的地方，時間就是金錢，占著位置不馬上點菜，不只會影響到其他等待的客人，也會讓點菜的阿姐罰站太久，所以香港餐廳門前都會放本菜單，入內前不妨先看好再進去，或是像香港人一樣，坐下後先點壺茶，再慢慢看菜單。

品嘗香港的美食好味

香港是美食天堂，不論是道地的港式料理，還是各國美味佳餚，選擇之多，常讓人難以抉擇。但既然來了香港，當然不能錯過最正宗的香港美食，香港有什麼美食？要怎麼去分辨好壞？就讓Carrie為你一一介紹！

菠蘿油

香港知名的茶餐廳美食之一，不夾奶油片的叫菠蘿包，夾了奶油片的叫菠蘿油，可說是香港特有的吃法。好的菠蘿油，皮要烤得香酥、麵包要夠鬆軟、夠熱，夾入一片冰奶油後，大口咬下，奶油香瞬間充滿整個口中，冰冰熱熱、酥酥軟軟的多重口感，同時享受到，這才是正宗的菠蘿油吃法。

蛋撻

很多人可能會誤會，曾在台灣造成短暫炫風的蛋撻是來自葡萄牙，其實它是英國中世紀就有的一種傳統甜品Tart。後來因為殖民地的關係，蛋撻也跟著英國人來到香港，並成為香港人下午茶的首選。這裡的蛋撻可分為奶油皮和酥皮兩種，前者的口感像餅乾，吃起來脆脆的，泰昌餅家的蛋撻就屬這種，而後者則像拿破崙的酥皮，但更鬆、更酥些，葡式蛋撻就屬於這種，最出名的莫過於檀島咖啡店。

雞批

　　很多台灣人可能不知道什麼是雞批，其實就是雞派啦！和蛋撻同樣源自英國的雞批，屬於一種鹹味的烤餅，通常以雞肉、洋蔥、火腿做餡料，和前兩者可以說是茶餐廳的3大西點，也是香港人常吃的下午茶之一。好吃的雞批，外皮要烤得香脆鬆化，餡料則要鹹香夠味。Carrie最愛的是喜喜冰室的雞批浮台，西式的湯盤裡裝上青豆湯，中間擺上一個雞批，湯清爽沒豆腥味，吃完熱量不低的雞批，喝個青豆湯，既健康又舒爽。

點心

　　來香港，如果沒吃過飲茶，如同沒來過香港，由此便可知飲茶在香港的地位。對於自由行的旅人，飲茶可以說是最佳的飲食方式，既可以同時吃到多樣的食物，又不用擔心量大而造成浪費。港式飲茶的點心種類非常多，通常分為鹹、甜兩大類，大部分是蒸的，也有少部分煎的、炸的和冷盤。最常見的點心有蝦餃、燒賣、鳳爪、蘿蔔糕、腸粉、叉燒包、粥品、桂花糕等。

絲襪奶茶與鴛鴦

　　將煮好的紅茶倒入特製過濾網後，上下拉動以加速茶水濾出，濾網經茶浸泡後，形狀顏色類似褲襪，因而被客人戲稱為「絲襪奶茶」。一杯好的奶茶，入口除了要「細、滑、延、綿」外，還要「掛杯」。所謂的「掛杯」是指奶脂濃度足夠時，奶茶的表面會凝結一層咖啡色的奶衣，擁有這樣厚度的奶茶就是所謂的「掛杯」。香港的另一樣特色飲料，是由7成港式奶茶和3成西式咖啡調製而成的鴛鴦，這也被視為香港東西文化融合的代表，它的味道其實類似東南亞的咖啡茶。

燒臘

　　燒臘可說是粵菜的靈魂之一，不論是高檔餐廳還是便宜的燒臘店，絕對少不了這些菜色，常見的有叉燒、燒肉、燒鴨，當然還有最受歡迎的乳鴿和烤乳豬。一般先用祕製的醬汁醃漬一段時間再放到爐裡烤，皮酥肉嫩、肥而不膩才可稱上佳作，最為人熟知的是鏞記酒家的燒鵝。

(圖片提供／大班樓)

雲吞麵

　　雲吞又稱餛飩，也就是台灣人說的扁食，雖談不上是什麼大菜，但卻是香港人日常生活中無可或缺的重要飲食。一般可分為湯麵與撈麵(乾麵)兩類。最傳統的雲吞，小小的、一口一個，現在則有些發展成像乒乓球大的鮮蝦雲吞，用來招攬客人。

車仔麵

　　車仔麵是香港的平民美食，通常攤子前方會放置一個金屬的「煮食格」，分別裝著湯汁、粉麵和配料，有點像是另類自助餐，客人不只可以選湯底、主食，還可以選菜色，種類可多達數10種以上，重點便宜，二葷一素約20來元，是許多香港人飽餐的好選擇。

公仔麵

　　公仔麵就是我們所謂的泡麵，當年從日本引進時，因為以公仔做行銷，因此又被稱為公仔麵，在許多茶餐廳裡已堂堂列為主食，而且口味變化多端，不論炒麵、乾麵、湯麵，樣樣都有，相信沒有其他地方能像香港一樣，能把公仔麵如此的發揚光大。

糖水

　　香港的糖水跟煲湯一樣，具有滋補
養生的功效，有的屬於涼性，有的屬熱
性，不同糖水作用不同，所以要依自己體
質選擇適合的飲品，例如木瓜銀耳，可以養
陰潤肺、滋養皮膚，而具清熱效果的腐竹白果薏米
則是夏天最受歡迎的甜點。

涼茶

　　我常常覺得香港的涼茶要比台灣泡沫紅茶健康
多了，除了採用純天然的食材外，和糖水、煲湯一
樣，都有養生功效。香港因為氣候溼熱，所以到處
都是涼茶鋪，很多人經過時便會來上一杯，清熱除
濕。現在新式的涼茶鋪，不只賣涼茶、龜苓膏，也
兼賣糖水、煲湯，讓客人可以一次享用。

西多士

　　西多士是台灣所謂的法式吐司，不同的是香港的西多士通常使用兩片
白吐司，中間夾入花生醬或果醬，然後裹上一層蛋汁，再放入鍋中煎成
金黃色。上桌前可以選擇加入煉奶、糖漿或巧克力醬，再放入一小片奶
油，就是西多士了。

雞蛋仔

　　香港傳統的街頭小吃，有點像台灣的雞蛋
糕，不過雞蛋糕吃起來外酥內軟，蛋糕體較為濕
潤，而香港的雞蛋仔則是外皮酥脆，裡面中空。
一般賣雞蛋仔的店鋪，還會賣類似鬆餅的格子
餅，有機會不妨試試。

魚蛋

　　其實就是外層炸得金黃的魚丸，通常用竹籤串起來賣，是香港非常流
行的街頭小吃，更是學生最愛零食的第一位。街上賣的小吃以咖哩魚蛋
為主，魚蛋要爽口彈牙，咖哩醬要香濃夠味，才能算是好吃的魚蛋。曾
有統計顯示香港人每天要吃掉55公噸，也就是約375萬粒的魚蛋，由此
可見香港人有多喜愛這樣食物了。

高貴不貴的米其林之旅

香港是少數可以用便宜的價格，就能享受到米其林美食的地方，尤其許多道地的港式小吃，不只得到米其林推薦，甚至獲得一顆星的殊榮，這樣好的餐廳，每人平均花費卻不到50港幣，怎能不推薦給大家呢？所以Carrie特別挑選了一些代表性的平價米其林餐廳，希望大家可以一嘗大廚們的手藝！

📍 深水埗
添好運點心專門店

老闆原是米其林三星龍景軒的點心主管麥桂培，創立不到一年就獲米其林一星的殊榮，可說是平價星級料理的最佳代表。

📍 中環
沾仔記

連續數年獲得米其林推介，最著名的就是如乒乓球大的鮮蝦雲吞，一咬下去，裡面滿是原隻蝦肉，用料非常實在！

📍 中環
芽莊越式料理

不但數次獲Open Rice選為「得獎熱店」，更屢獲米其林推介，其中以生牛肉河粉和蝦捲撈檬最受歡迎，喜愛越南菜的朋友千萬不要錯過喔！

高貴不貴的米其林之旅

灣仔
翡翠拉麵小籠包

　　來自新加坡的上海餐館，口味道地，卻無上海菜一貫的油膩感，尤其以麵食特別受好評，難怪會被LV以一億美金的天價收購！

中環
九記牛腩

　　已經有80多年歷史的九記，是香港有名的排隊熱店，還沒開始營業，門口就已經大排長龍，不論是上湯牛腩或咖哩牛筋腩都超好吃！

上環
蓮香居

　　清光緒年間就創立的老茶樓，在這裡可以吃到傳統點心和功夫菜，還能體驗用茶盅喝茶，點心車穿梭其間的傳統飲茶方式。

太子
第一腸粉專賣店

　　以腸粉出名的第一，味道選擇眾多，薄薄的粉皮搭上自創餡料，一開業就 得米其林美譽，連影后葉德嫻都是座上客喔！

正港的香港品牌

當買東西、吃東西成為許多人來香港的理由時，除了好吃的餐廳外，好的血拼場所也是必須的，但走到哪都一樣的國際品牌，是否已經讓你厭倦？來香港，不妨來採買一些正港的香港品牌。

RABEANCO

2004年成立於香港的RABEANCO，短短10年時間，業務已經拓展到亞洲和歐洲各國，2014年甚至在美國首度亮相，成為跨足國際的首個香港品牌。

(圖片提供／RABEANCO)

G.O.D

G. O. D是Goods Of Desire的縮寫，粵語為「住好啲」，意思就是「住得好些」，英文也可以指「Goods Of Desire」的縮寫。由楊志超與劉玉德於1996年成立，早期主要販售自家設計的家具，現在則以富有創意及幽默感的產品為主。

(圖片提供／G.O.D)

I.T

(圖片提供／izzue)

香港著名的服裝品牌I.T，擁有多個自家品牌，包括b+ab、CHOCOOLATE、izzue、Mini Cream、tout a coup、5cm等，事業版圖遍及香港、澳門、中國大陸及台灣，強烈的流行風格，已成為年輕時尚的代名詞。

Chocolate Rain

於2000年成立於香港，主要的設計靈感源自小孩的夢想及奇妙的旅程，產品裡面包含獨特的藝術元素。2008年於倫敦成立 Fatina Dreams工作室，目前香港及新加坡均擁有旗艦店。

流行最前線

香港是免稅天堂，所以許多國際品牌會比台灣便宜一些，而且配合香港快速的節奏，商品的更新率也十分驚人，想來血拼的朋友，千萬別錯過香港這4大商場。

圓方商場　P.131

置地廣場　P.61

太古廣場　P.88

(圖片提供／太古廣場)

ifc mall　P.60

(圖片提供／ifc)

最佳拍照點追追追

旅 行總免不了要拍照留念,所以一個既能代表香港,又值得留影的地方就很重要了。有鑑於此,Carrie要推薦幾個拍紀念照的地點,希望能為大家的旅程留下的美麗回憶。

古典的維多利亞建築 1881 Heritage

繽紛燦爛的耶誕盛宴

優雅古典的建築,是許多新人拍婚紗的首選地。

香港熱鬧的耶誕氣氛,絕對讓你忍不住狂按快門。

360度景觀的天際100

可以拍攝到不同角度的香港,黃昏和夜景更是漂亮。

(圖片提供／新鴻基地產)

唐代風格園林—南蓮園池

寧靜美麗的庭園，有
如到了日本一般。

最佳拍照點追追追

360度景觀的天際100

可以拍攝到不同角度
的香港，黃昏和夜景
更是漂亮。

（圖片提供／新鴻基地產）

不可錯過的伴手禮與紀念品

出國旅遊，怎能少了伴手禮呢？許多人來香港，都會照著旅遊書買，而其中又不乏要排上好幾個小時才能買到的，Carrie實在不建議浪費這麼多時間在排隊上，畢竟時間對旅人來說十分寶貴，所以就讓Carrie介紹幾款具有香港特色的好伴手！

東方文華飯店的玫瑰草莓果醬

每天限量製造的玫瑰草莓果醬，一打開，濃濃的玫瑰花香隨即飄出，讓人瞬間有種倍受寵愛的感覺，搭配上蝴蝶結的典雅禮盒，十分適合帶回去餽贈親朋好友。

帝苑餅店蝴蝶酥

對香港人來說，帝苑餅店和蝴蝶酥可以說是畫上等號，這裡的蝴蝶酥，口感鬆脆又不甜膩，加上外盒印刷精美，很適合與台灣親友分享。

(圖片提供／帝苑餅店)

恆香老婆餅

創立於1920年代的恆香，已有將近百年的歷史，著名的老婆餅和台灣的很不相同，一碰即碎的酥皮，可吃得到淡淡的豬油香，厚厚的冬瓜蓉內餡超有分量，尤其熱熱的來上一口，一級棒！是現在難得吃得到的傳統好味道。

集體購買 ●電話：(952) 2479 2141
歡迎 專車送到 ●專線：(852) 2479 4611

曲奇薈的羅漢果曲奇、鹹味蝴蝶酥

　　以羅漢果製作、完全不含砂糖和代糖的餅乾，既天然又健康，非常適合孝敬長輩。另外首創鹹味蝴蝶酥，有肉鬆和起司二種口味，特別適合像Carrie這樣不太愛吃甜的人。

Flying Sofye 周邊商品

　　可愛調皮的女飛賊蘇菲，不論是出現在提袋、手包、筆記本或是護唇膏，都讓人直喊卡娃伊！屬於自用送人兩相宜的商品。

BeCandle蠟燭

　　如果說要找一款有香港特色的伴手禮，那BeCandle的燒賣和腸粉蠟燭，應該是最實用又有代表性的了，加上小巧可愛的蒸籠禮盒，相信收到的人一定會超喜歡！

(圖片提供／BeCandle)

香港特色明信片

　　許多地方都可以買到有香港特色的明信片，尤其從這裡寄給朋友，更深具意義！

香港環島大繪圖

由Angryangry所繪製的香港環島大繪圖，將香港景點以立體且幽默的方式呈現，是非常具香港代表性的商品，很值得買來當作此次旅行的紀念。

廣東大飲茶遊戲卡

飲食與香港人的生活息息相關，想了解香港文化，學習最道地、最實用的廣東話，就非從飲食開始不可。「廣東大飲茶」遊戲卡，每張卡都有茶樓相關的廣東讀音及用法，不但圖文並茂，而且還有中英對照喔！

To Whit To Whoo

全人手拼接的To Whit To Whoo由Zony所創立，主要產品為以花色亮麗的布料拼製成的Baby口水肩、布鞋、服裝，圖案獨特、造型別緻，且做工精細，很適合買給小孩或送給剛有寶寶的朋友。

A Wadded Dream 棉襖之夢

由Vanessa創立的A Wadded Dream棉襖之夢，作品是將棉花球一針針扎成各種小動物和花卉，再加工成首飾和擺設，作品非常可愛，顏色也相當浪漫，是值得擁有的手做品。

香港的古蹟建築

香港的歷史建築，無論中式或西式數量都不算少，許多在欠缺維護的情況下不幸變成危樓，所以香港政府在2008年開始活化歷史建築伙伴計畫，將政府擁有的歷史建築和法定古蹟重新整理後，以象徵性的租金提供給非營利組織使用，讓這些古蹟能夠重獲新生。

和昌大押 P.86

(圖片提供／和昌大押)

美荷樓 P.150

(圖片提供／美荷樓)

PMQ 元創方 P.46

動漫基地 P.82

(圖片提供／動漫基地)

雷生春 P.148

香港10大必體驗

1

搭古董纜車，上太平山看風景 (圖片提供／山頂纜車)

2 參觀英屬時期
古典建築

搭船海遊
維多利亞港 **3**

4 看賽馬、買彩券
(圖片提供／香港賽馬會)

上茶餐廳，**5**
品嘗一盅兩件
(圖片提供／龍景軒)

6 漫步中上環，
體驗香港的新與舊

搭觀光巴士
暢遊香港

(圖片提供／Big Bus)

7

8 到大澳
體驗水上人家生活

品嘗世界聞名的
米其林風味

(圖片提供／Amber)

9

10 到離島享受悠閒
的自然風光

香港行程規畫

Plan 1

吃買逛，貴婦行

Day1 陸羽茶室早餐→COS(Collection of Style) →ZARA旗艦店→TOPSHOP旗艦店→GAP旗艦店→Café Landmark中餐→置地廣場→Abercrombie & Fitch旗艦店→IFC→SEVVA晚餐→Harvey Nichols Beauty

Day2 時代廣場→一門中餐→FOREVER 21→希慎廣場→丼吉日本吉列專門店餐廳晚餐→世貿中心→東角Laforet與金百利商場

Day3 Elements 圓方→Mango Tree中餐→The One→K11→海港城→Galley Café & Dining晚餐→夜遊維港→Aqua飲小酒

Day4 先將行李在香港站託運→東涌東薈城

香港行程規畫

Plan 2

歷史古蹟藝文遊

Day1 1881 Heritage→鐘樓→香港藝術館→半島酒店喝下午茶→歷史博物館→漫步星光大道或搭船遊維多利亞港→欣賞晚上8點開始的幻彩詠香江

Day2 黃大仙祠→志蓮淨苑→南蓮園池→雷生春→美荷樓

Day3 皇后像廣場與前立法會大樓→終審法院和聖約翰座堂→太平山頂與杜莎夫人蠟像館→懷舊星巴克→藝穗會→舊中區警署建築群

Day4 搭半山扶梯→孫中山紀念館→PMQ元創方→摩羅街上街→海味藥材街→西港城

Plan 3

戶外天然郊遊趣

Day1 長洲碼頭→北帝廟→東灣泳灘→小長城→關公忠義亭→西灣天后廟→張保仔洞與五行石

Day2 西貢新碼頭→觀賞買漁獲奇觀→逛西貢舊街區→碼頭附近吃海鮮→搭船到橋咀洲(上岸遊覽)→西貢新碼頭→滿記甜品總店

Day3 昂坪→天壇大佛→寶蓮禪寺→大澳

Day4 叮叮車→和昌大押→藍屋→動漫基地

香港

HONG

KONG

分區導覽

上環、中環

概況導覽

如果想以步行的方式認識香港，又希望能悠閒地漫步其中，那麼中上環一帶是個非常好的選擇。中上環都是香港最早開發的地區，但兩者卻呈現非常不同的風貌。早期上環為華人居住的地方，因飲食習慣的關係，到處都可以看到傳統海味乾貨店和中藥行，時至今日，遊客依然可以在上環體驗到濃厚古早味的老香港。而在英屬時期為外國人居住地，曾因處處林立著維多利亞式建築而被稱作「維多利亞城」的中環，現在則是香港的金融與商業中心，隨處可見的高樓大廈與時尚華麗的大型商場，都讓人感受到它在國際舞台的地位。

Sheung Wan · Central

上環、中環地圖

太平山
欣賞世界三大夜景的最佳地方

🌐 www.thepeak.com.hk

✉ 香港太平山頂

📞 +852 2849 0668(凌霄閣)、+852 2522 0922
(山頂纜車)、+852 2849 4113 (山頂廣場)

➡ 從中環花園道的山頂纜車站,搭乘山頂
纜車登山,車程約10分鐘(前往纜車站,
可於港鐵中環站J2出口,步行約10～15
分鐘可抵達)

🕐 纜車每天07:00～00:00;凌霄閣10:00～23:00

💲 山頂纜車:成人單程$28、來回$40,兒
童(3～11歲)與長者(65歲以上)單程$11、
來回$18。山頂纜車+凌霄閣摩天台:成
人單程$71、來回$83,兒童(3～11歲)與
長者(65歲以上)單程$33、來回$40

🗺 P.39 / D6

造型奇特的凌霄閣 (圖片提供／凌霄閣)

古人說山不在高,有仙則名,
不高的太平山雖然無仙,卻仍名
揚海內外。站在太平山頂上,可
以瞭望九龍半島和香港島北岸,
璀璨亮麗的夜景十分迷人,和日
本函館、義大利的拿坡里並稱
「世界三大夜景」。雖然上山的
方式很多,Carrie建議不妨選擇搭
乘纜車,因為不但有套票優惠,
而且在1888年就啟用,原本為了
居住山頂的港督和富商而建的纜
索鐵路,很值得體驗一番。依斜
坡4～27度緩慢向上的纜車,遊客
坐在裡面,可以看到外面的樹木
和高樓大廈好像傾斜45度一般,
非常有趣!

纜車的終點站是由英國建築師
特果‧法雷爾(Terry Farrel)所設計
的凌霄閣,造型奇特的建築裡,
除了商店和餐廳外,還有360度的
摩天台和如假似真的杜莎夫人蠟
像館。外面的廣場上,一座古董
纜車改建的旅客諮詢中心裡,還
可以看到早期的腳踏板和電鐘,
懷舊氛圍濃厚。來香港,太平山
頂是你絕對不能錯過的景點之
一。

1888年便開始服務的山頂纜車,是一個不
能錯過的香港體驗 (圖片提供／山頂纜車)

可健行或搭纜車至山頂
如果你喜歡爬山，不妨試試由盧吉道及夏力道組成，長3.5公里的步行徑，從纜車站旁的小路走上山頂，只要大約2小時便可到達，沿途還可欣賞維多利亞港兩旁的城市景觀，既可健身又可陶冶身心，一舉兩得。如果你預算不多，也可考慮搭乘港島專線小巴1號前往山頂，去程可在香港站四季酒店樓下的巴士站搭乘，回程可在畢打街的中環站出口下車，價格一趟為$9.2，約10分鐘有一班車。

纜車旁的爬山步道也可以走到山頂

❶ 古色古香的獅子亭，是免費觀景的好地方，常常擠滿拍照遊客 ❷ 以廟街和女人街為藍本建造的山頂市集，有許多便宜的紀念品可買 ❸ 站內的「山頂纜車歷史珍藏館」，收藏了200件珍貴的展品 ❹ 名為峰景的餐廳，果然裡外都有好風景（圖片提供／峰景餐廳）❺ 無論什麼時間到訪山頂，凌霄閣上的摩天台428都可欣賞到不同特色的香港(圖片提供／山頂纜車)

中環海濱摩天輪

360度俯瞰維多利亞港夜景

- http www.hkow.hk
- ✉ 香港中環民光街33號(位於中環9、10號碼頭後方)
- ➡ 港鐵中環站A出口或是香港站A2出口,步行約10分鐘到中環碼頭旁
- 🕐 每天10:00～23:00
- 💲 成人$100,兒童、學生$70,長者、殘疾人士$50
- MAP P.39 / B6

在眾多期盼下,香港摩天輪終於在2014年年底正式啟用,高約20層樓的摩天輪,共有42個車廂,其中包括一個全透明的VIP車廂。每個車廂可容納8位遊客,裡面有恆溫設施和香港電訊免費提供的Wi-Fi,遊客在搭乘摩天輪時,可即時與親友分享窗外景觀。摩天輪每次搭乘時間約為15～20分,雖然高度不如其他地方的摩天輪,但由於地理位置優越,可以同時享受ifc、中環建築群和維多利亞港的夜景。

❶閃閃發亮的摩天輪,一推出已成為重要景點 ❷Wi-Fi服務,讓你可以即時分享照片 ❸可同時享受維多利亞港的景色 (以上圖片提供/中環海濱摩天輪)

杜莎夫人蠟像館

另類明星雲集的星光大道

- http www.madametussauds.com/HongKong/Default.aspx
- ✉ 香港山頂道128號凌霄閣P101號鋪
- ☎ +852 2849 6966
- ➡ 從中環搭乘纜車,或於中環天星碼頭搭乘15、15C公車上山
- 🕐 每天10:00～22:00
- 💲 成人$240,兒童(3～11歲)、長者(65歲或以上) $170(另有多種套票,請參考官網)
- MAP P.39 / D6

香港「杜莎夫人蠟像館」是亞太區首個分館,特別的是這裡除了100多尊栩栩如生的國際名

中環海濱摩天輪、杜莎夫人蠟像館

（圖片提供／杜莎夫人蠟像館）

人蠟像，如安潔莉娜裘莉與布萊德彼特、流行天后Lady Gaga、足球帥哥貝克漢外，還加入了多位大家熟悉的香港明星。所以你不只可以在白宮和美國總統歐巴馬合照，與妮可基嫚一同步上紅地毯，還可以和成龍來場功夫比劃！當然，除了近距離地與偶像拍照外，蠟像製作展示區更是不可錯過，由於館方細心的展示了每個步驟，因此遊客能清楚看到整個製成過程，可說是寓教於樂，深具意義。

旅行小抄

超划算三合一套票

同樣是杜莎夫人蠟像館的門票，只要提前一天上網預訂，就可以享有約6折的優惠！成人$135、兒童(3～11歲)和長者(65歲或以上)$102。另外有包含蠟像館、山頂纜車、摩天台428等數種不同的三合一套票，大家不妨上網去研究一下，看看哪一種比較適合自己！

100尊栩栩如生的國際名人蠟像，真是星光閃閃

讓人懷念的歷史名人

聖約翰座堂
神聖莊嚴的寧靜教堂

- http www.stjohnscathedral.org.hk
- ✉ 香港中環花園道4-8號
- ☎ +852 2523 4157
- ➡ 港鐵中環站K出口，步行約10分鐘
- 🕐 週一～五07:00～18:00，週末07:00～19:30，假日09:00～18:00
- MAP P.39 / D6

　　每次有友人來訪香港，山頂是必拜訪的景點之一，從中環步行到山下纜車站，途中總會先進來這座被商業大樓所包圍的聖約翰座堂稍作停留。於1847年建立，屬於哥德式建築的座堂，是香港現存最古老的西式教會建築。因日據時代曾遭嚴重破壞，所以目前教堂所見的內部裝潢，大多是戰後所修復的。為了避免因冷氣排出的水氣引來白蟻侵蝕，而破壞這座法定古蹟，因此座堂內並沒有冷氣，但炎炎夏日裡的座堂，卻讓人感到意外的涼爽與舒適。大面的彩繪玻璃，除了聖經故事之外，也可以看到早期香港漁民的圖像，現場還不時有風琴演奏，坐在裡面，聽著美妙的音樂，煩躁的心不知不覺就沉靜下來。即使不是教徒，路過時也不妨進來歇歇腳，享受這片刻的美妙時光。

❶被高樓大廈所環繞的聖約翰座堂 ❷整個座堂，莊嚴而寧靜 ❸彩繪玻璃上，還有早期居民的畫像，足見宗教的本土化

Sheung Wan・Central

香港終審法院
新古典風格的紅磚建築

http www.amo.gov.hk
✉ 香港中環炮台里1號
➡ 港鐵中環站D1出口,沿畢打街前往皇后大道中,再由皇后大道中轉入炮台里
MAP P.39 / D6

整幢大樓以花崗石和紅磚蓋成的終審法院

原為法國外方傳道會大樓的終審法院,採用愛德華時代的新古典風格設計,充滿了濃厚的英屬時期色彩。戰後,香港政府將大樓購回,並曾先後用作教育署總部、維多利亞地方法院、最高法院及政府新聞處辦事處,目前為香港終審法院所在地。

皇后像廣場
沒有皇后像的公園廣場

✉ 香港中環昃臣道
➡ 港鐵中環站K出口即可到達
MAP P.39 / C6

原名為皇家廣場,最早是放置維多利亞女王登基60週年紀念銅像的地方,日據時期,女皇銅像被日軍運往日本,準備熔化成武器原料。二次世界大戰結束後,香港政府透過駐日盟軍總部尋回愛德華七世伉儷(已運返英國)、維多利亞女王及昃臣爵士的銅像,目前昃臣爵士銅像重置於皇后像廣場,而女王銅像則移至維多利亞公園,所以大家戲稱這裡為沒有皇后像的皇后像廣場。

❶只有昃臣爵士銅像孤單佇立於此 ❷❸這裡是民眾休憩的小公園

45

①

PMQ元創方

多元化的文創設計指標

🔗 www.pmq.org.hk

✉ 香港中環鴨巴甸街35號

📞 +852 2870 2335

➡ 港鐵上環站E2出口，穿過新紀元廣場至文咸東街，過馬路後左轉至威靈頓街，往前走(在蓮香樓前)右轉上鴨巴甸街再沿路直走

🕐 每天07:00～23:00

🗺 P.39 / C3

③

④

第一次到PMQ元創方時，驚訝於香港的文創產業竟然也如此蓬勃發展，裡面除了設計工作室外，還有不同於一般商場的服飾、生活用品、餐廳和展覽。2014年才開始營運的元創方，原址曾是中央書院和已婚警察宿舍，一個個的展示空間都擔任過

②

教室和宿舍的角色，純樸的白色牆壁和綠色窗框，讓Carrie想到國小時的教室。在「保育中環」的活化項目中，元創方化身為多元化的文創地標，目前已有超過百位設計師及創意企業進駐。來香港玩，別忘了也把這新景點排進去！

❶三級歷史建築化身為設計創意的新地標 ❷知名的本土品牌Chocolate Rain，靈感源自孩童的夢想及奇妙的旅程，獨一無二的產品設計，每件都由人手製作，作品充滿像力和童心 ❸一個個的空間，原本是教室和宿舍 ❹為了怕傳統技藝失傳，將老師傅的手作工藝引進店裡的「師傅到」，目的要讓民眾看得到、做得到、學得到、買得到，不但有各式藝品，還有各種課程教授 ❺由平面、室內和產品設計所組成的GLUE Associates，作品細膩、有趣，既實用又創意十足 ❻以正念生活為出發點的本家作業，販賣各式手工皂和精油 ❼❽逛累了，不妨到復古味十足的大龍鳳小憩，喝一碗清香、微甜的香茅水

荷李活道
處處充滿懷舊與藝文氣息

✉ 香港中環荷李活道
➡ 港鐵中環站D2出口右轉，搭乘半山扶梯即可通往荷李活道
MAP P.39 / C3

Carrie非常喜歡漫步於荷李活道，因為這條香港開埠後興建的第一條街道，總是充滿悠閒、自在的氣息。附近一帶的半山區是早年英國人居住的地方，走在荷

老樹的根爬滿了整個牆身，讓整條路更有味道

李活道上，兩旁充滿懷舊風味的古董店，南邊一段的SOHO區有許多外國特色餐廳和酒吧，東邊連接大家熟知的蘭桂坊，往上環方向可通往摩羅上街，另外舊中區警署、文武廟、agnès b.畫廊也都在這條路上。如果想要來一趟藝文、美食之旅，千萬不要錯過荷李活道喔！

歌賦街

新舊融合的獨特街道

✉ 香港中環歌賦街

➡ 港鐵中環站D2出口或是上環站A2出口，
往歌賦街方向走，步行約10分鐘

MAP P.39 / B3

❶❷❸新與舊、東西方在此交會

　　沒來過香港的人，很難想像短短100公尺的歌賦街，可以是這麼有個性的地方，傳統的街頭小吃和優雅的咖啡廳，東西方、新與舊融合得如此恰當，這是香港才看得到的獨特景象。尤其近年來，許多有趣的商店進駐，更豐富了這條小街的可看性。除了有知名的九記牛腩、勝香園、日式拉麵周月、法餐On Lot 10、美餐Gough 40之外，還有生活雜貨Homeless，是鬧市中彌足珍貴的一片靜土，來這裡，別忘了放下趕路的步伐，慢慢走、慢慢看，享受這香港特有的「慢活」片刻。

agnès b.'s Librairie Galerie

新穎極簡風的藝術畫廊

- http asia.agnesb.com/zh
- ✉ 香港上環荷李活道118號
- ☎ +852 2869 5505
- ➡ 港鐵中環站D2出口右轉到皇后大道中，再沿路走去搭乘半山自動扶梯前往
- ⏱ 11:30～20:00
- 休 週二
- MAP P.39 / B2

香港的agnès b.'s Librairie Galerie，不但是agnès b.巴黎境外的首間畫廊，也是現代藝術的推動者。位於人文氣息濃厚的荷李活道上，畫廊裡一如agnès b.的極簡風格，單純的白色空間裡，讓場地的使用更加多元化，從攝影、雕塑、裝置藝術到視頻作品，都能在這空間裡欣賞到。agnès b.'s Librairie Galerie定期與國際及本地藝術家合作，不時推出多變的視覺饗宴。

❶外觀新穎、亮麗的agnès b.'s Librairie Galerie 畫廊 ❷配合展覽裝飾的牆面 ❸以現代藝術為主要展出

知識充電站

agnès b.的小故事

充滿法式氣質的agnès b.相信大家都不陌生，創辦人是知名服裝設計師Agnès Troublé，多年來以b作為商標，讓許多人誤以為是設計師本人的名字縮寫，其實，是取自於第一任丈夫Christian Bourgois的姓氏。生於小康之家的她，從小就被鼓勵多接觸音樂與藝術，因此除了服飾，更往各個不同領域發展。雖然晚期才登陸香港，但多個首家商店都在香港開立，包括2002年的首間花店agnès b. FLEURISTE；2005年旅遊概念專門店La Maison Sur L'eau；2007年巧克力專門店agnès b. DÉLICES，當然最令人矚目的要算2008年ifc的旗艦店La Loggia，面積達715,000平方呎，以Agnès Troublé南法的度假屋為設計概念，包括男女裝、花店、巧克力店、餐廳、旅遊概念店及Sport b.專門店等，可以說包括了品牌所有系列。

文武廟
能文能武的二帝廟

✉ 香港上環荷李活道124至126號
☎ +852 2540 0350
➡ 港鐵上環站A2出口，沿禧利街走至皇后大道中右轉，沿樂古道旁的樓梯街往上走至荷李活道，約15分鐘
🕐 週一～日08:00～18:00
MAP P.39 / B2

已有一百多年歷史的文武廟

荷李活道上除了充滿歷史文物的古董店外，知名的熱門景點之一就是文武廟，這裡供奉著文帝

文昌帝君和武帝關聖帝君，所以又稱為二帝廟。文帝手執毛筆，負責文學與官祿；而武帝手持關刀，代表忠義和武略。早期的香港，並無所謂的律法可言，也沒有宣誓、判決的法庭，所以當時政府批准華人可依照中國「斬雞頭，燒黃紙」的傳統方式進行宣誓，而且指定要在文武廟內舉行，所以當時的文武廟不僅是供奉二帝的廟宇，也是華人議事及仲裁的場所，如今則是上班族求升遷加薪，以及父母求子女學業進步的地方。

摩羅上街
古董雜貨迷的尋寶天堂

✉ 香港摩羅上街
➡ 港鐵上環站A2出口，步行約8分鐘
MAP P.39 / B2

摩羅上街又叫作「貓街」，聽到這名稱，可別以為這是個賣貓咪的地方，其實這裡以古董雜貨聞名，早年是贓貨的轉手地，香港人稱贓貨為「老鼠貨」，所以來買貨的人就像機靈的貓一樣，因此被稱為「貓街」或是「賊仔街」。兩旁除了昂貴的古董店外，街上還有很多舊物雜貨攤，售價便宜，因此也吸引不少人特地來此尋寶。

❶這毛主席語錄，據說還挺受歡迎的 ❷許多外國人喜歡來此淘貨、買伴手禮

海味藥材街

香港最大的海味乾貨集散地

✉ 香港上環永樂街、高陞街及德輔道西
➡ 港鐵上環站A2出口即為永樂街，往西環方向步行約5分鐘，可抵達高陞街及德輔道西
MAP P.39 / A1

滿街的燕窩店

說到南北貨，台灣有迪化街，香港則有德輔道西、永樂街和高陞街。香港人注重養生、食療，從出名的煲湯和糖水就可看出一

二，來到上環，一間間的乾貨、中藥店，東西多得讓人眼花撩亂，這裡就是香港最大的海味乾貨集散地。德輔道西以海味批發生意為主，鮑魚、干貝及海參的價格比較便宜。永樂街是以人參、鹿茸、燕窩等為主的參茸燕窩街，高陞街則為逾百年歷史的藥材街。想感受一下道地的香港人生活，那麼，來有百年歷史的海味藥材街準沒錯！

半山扶梯

輕鬆上山的好幫手

✉ 香港中環半山
➡ 從港鐵中環站D2出口，沿皇后大道中走，步行約10分鐘即可到半山自動扶梯
MAP P.39 / B4

別以為香港人懶，不願走路、爬樓梯，實在是因為香港多坡

地，尤其當你已經走了很久的路，你會發現這半山扶梯還真是貼心的好設計。全長800公尺的手扶梯，從德輔道中一直上到干德道，大約需要20分鐘左右。扶梯運行分上下不同時段，上午6點至10點為下行，10點至午夜則為上行。大家前往各景點，不妨體驗一下這香港特有的半山扶梯。

中環建築群
爭奇鬥豔的特色建築

✉ 香港中環昃臣道上
➡ 港鐵中環站K出口對面即是

香港的建築一直讓人驚豔，尤其以匯豐總行大廈附近的幾棟大樓，個個都非常有特色。一到了晚上，華燈初上時，更是美麗萬分，很值得前去參觀！

ifc 國際金融中心
📍 P.39 / B5

為港島第一高、香港第二高的購物中心，由著名香港建築師嚴迅奇與美國建築師西薩•佩里合作設計。其中二期樓高415.8公尺，於2003年落成時，曾為全球第五高樓。外牆均為玻璃幕牆的ifc國際金融中心，是來港旅客必遊的景點之一。

長江集團中心
📍 P.39 / D6

為香港知名企業家李嘉誠旗下的長江集團總部，由美國著名建築師Leo A Daly與Cesar Pelli合作設計，充滿現代感的玻璃帷幕，入夜後會發出柔和的光芒，節慶時更會出現特別的圖案。

怡和大廈
📍 P.39 / C5

為香港首幢摩天大樓，70年代時，還曾是亞洲最高的建築物。其獨特之處為所有窗戶皆為圓形的「月洞門」設計，頗有中式傳統的建築特色。由於地理優越位置，從窗外可清楚看到維多利亞港和太平山景色。

中銀大廈
📍 P.39 / D6

為中國銀行香港總部，由享譽國際的美籍華裔建築師貝聿銘所設計，貝聿銘用簡單的三角形組合就表達了生機茁壯、節節向上的「竹子」。這棟揉合中國傳統概念和現代科技的玻璃建築，一到晚上，便會不斷變換燈光色彩和線條位置，是中環建築群中最為矚目，也最受歡迎的一幢建築物。

匯豐總行大廈
📍 P.39 / D5

鋼鐵造型的匯豐總行大廈，由建築師諾曼•福斯特所設計，其鋼鐵使用量達3萬公噸、造價高達65億港幣，充滿未來感的設計，讓它至今仍被譽為世界上最具創意的建築物之一。門外的兩座西式銅獅史芬(Stephen)及施迪(Stitt)，自1935年便守衛著滙豐銀行，由於歷經二戰時期，史提芬的身上還可看到戰時留下的子彈痕跡。

渣打銀行大廈
📍 P.39 / D5

為渣打銀行香港總部，由交易廣場的建築師雷莫•李瓦以「建築即雕塑」的理念設計。共42層的渣打銀行大廈，從第17樓開始，每6層即向內縮小面積，有如金字塔般，讓外形有直衝雲霄的氣勢。

旅行小抄

懶人旅行魔法包 香港三大觀光巴士

在國外旅遊，交通和行程安排常常讓人花費許多時間，所以Carrie最喜歡的就是搭乘各地的觀光巴士，輕輕鬆鬆地坐在車上就可以欣賞各國風光，又可以在短短的時間內走遍許多地方，而且看到喜歡的景點，隨時可以定點上下車，可說是一舉數得。在香港，你也可以享受這樣的服務。這裡的觀光巴士有3種，其中2種由新巴和城巴所經營，提供簡單的運輸功能，但價格相對便宜，另一種屬於英國觀光巴士公司，車上不但有10種不同語言的語音導覽，另有套票供選擇。如果你也想和Carrie一樣來個懶人旅行法，那麼觀光巴士會是個不錯的選擇喔！

人力車觀光巴士

- http www.rickshawbus.com/tc/about/index.html
- ☎ +852 2136 8888
- ⊙ H1懷舊之旅10:00～16:30，夜遊19:00～20:30(以上皆為30分鐘一班)
- 🚌 每條循環線車程約105分
- 💲 成人一天票$200、兒童與長者$100；成人單程票$33、兒童與長者$16.5(單程票1～20站上車時付款，21～28站下車時付款，如果坐完全部28站須付2段票價)

共有日、夜和增設3種路線

開篷觀光城巴

- http www.nwstbus.com.hk/hotspots/sightseeing-bus/citytours/index.aspx?intLangID=2
- ☎ +852 2873 0818
- ⊙ 10:30～18:30
- 🚌 每條循環線車程約45分
- 💲 成人一天票$88，2位成人可免費攜帶1位140公分以下之兒童乘車

行程以灣仔和銅鑼灣為主 (圖片提供／開篷觀光城巴)

Big Bus(大巴士)

- http eng.bigbustours.com/hongkong/home.html
- ☎ +852 2723 2108
- ⊙ 港島遊09:30～18:10，九龍遊10:00～18:00，赤柱遊09:45～16:45
- 🚌 每條循環線車程約1.5小時；夜遊則為1小時
- 💲 24小時單線日票：成人、兒童(5～15歲) $230；24小時三線日票：成人$430，兒童$380；24小時任搭票：成人$500，兒童$450

有紅(港島)、藍(九龍)、綠(赤柱)和夜遊4種路線 (圖片提供／Big Bus)

(圖片提供／Big Bus)

香港的老建築與復古餐廳

ⓇRestaurant
星巴克
重返老香港的獨特懷舊風

🔗 zh.starbucks.com.hk/coffeehouse/store-design/
duddell-street

✉ 香港中環都爹利街13號樂成行地庫中層

📞 +852-2523 5685

➡ 港鐵中環站G出口,沿畢打街前往皇后大道中,再由皇后大道中轉入都爹利街,步行約8分鐘即可到達

🕐 週一〜五07:00〜21:00,週六、日08:00〜22:00

💲 平均消費$40以下

🗺 P.39 / D4

拍完都爹利街和百年煤氣燈,你可不能錯過位在一旁的星巴克咖啡,因為不同於其他分店,這裡可是星巴克和香港知名品牌「G.O.D」攜手合作的「冰室角落」。一走進店內,復古的卡式座位、拼接的磁磚地板、圓柱上手寫的甜品名稱和仿舊的木框窗戶,讓人彷彿走進時光隧道一般。遊客來此除了可以看到香港50〜70年代的冰室風格外,還可以來上一杯咖啡,細細品嘗這屬於老香港的獨特風味!

穿梭於香港的懷舊時光

由於曾經歷過英國殖民時期,香港的土地上留下許多美麗的印記,那就是一棟棟英式風格濃厚的建築。這些歷史悠久的建築物,有些曾一度荒廢殘破,幸好在活化歷史建築伙伴計畫中,得以變裝後再度為民眾服務。

❶門口巧妙的與石階相連 ❷特殊的主題設計,很受年輕朋友歡迎

ⒷBuilding
前立法會大樓
風華無限的百年古蹟

http www.amo.gov.hk
✉ 香港中環昃臣道8號
➡ 港鐵中環站 J1出口，沿昃臣道步行約2分鐘
MAP P.39 / D6

如果你從中環的J1出口出來，映入眼簾的便是這座已有百年歷史的花崗岩大樓，這就是香港的前立法會大樓(又稱舊最高法院)。建於1912年的兩層建築，大樓在落成之初，是香港的最高法院，昔日所有的重要聆訊都是在這裡進行。大樓曾經在1985～2011年期間作為立法會使用，目前大樓已經移交給司法機構，將改為香港終審法院，目前重新修復中，預計於2015年年中投入服務。

❶蒙著眼的正義女神，雙手分別拿著天秤與的劍 ❷新古典風格的立法會大樓，1、2樓有巨型圓柱以及精緻雕欄所組成的走廊

知 識 充 電 站

每一細節處都有歷史含意的痕跡

前立法會大樓是一座非常有趣的建築，為什麼說有趣呢？因為別看這一個單純的建築，卻是處處都有其含意。屋頂上方佇立著一座正義女神像，女神右手拿著代表公義的天秤、左手拿著象徵權力的劍，並且蒙上雙眼，意味著人人平等。正義女神下方的徽章由獅子和獨角獸所護持，徽章頂端為英皇愛德華七世的都鐸皇冠，徽章裡劃分成4個部分：左上方和右下方各刻有3頭獅子，象徵英國；右上方的獅子象徵蘇格蘭；左下方的豎琴則是愛爾蘭。徽章下方刻有法文「DIEU ET MON DROIT」，意思是「君權神授」。兩旁則是真理之神Veritas與寬恕之神Clementia，左右分別有E和R的雕刻，為英皇愛德華七世Edward Rex的縮寫，說明大樓是他在位時期所建立。最下方的「ERECTED A.D MDCCCCX」則表示建立年分為公元1910年。

這樣一路看下來，是不是覺得很有趣呢？

Ⓑuilding

都爹利街與煤氣路燈

浪漫的約會場所

- ✉ 香港中環都爹利街
- ➡ 港鐵中環站G出口,沿畢街前往皇后大道中,再由皇后大道中轉入都爹利街,步行約6分鐘即可到達
- 🗺 P.39 / D4

香港僅存的煤氣街燈

　　都爹利街得名於一位英商喬治·都爹(George Duddell)。當時的都爹和幾位商人成立了雪廠公司,進口天然冰塊供醫院和診所使用,政府便將廠址街道命名為「雪廠街」。後來牛奶公司開發了成本低廉的人造冰後,都爹利的雪廠因此關閉,只留下雪廠街。

　　短短的都爹利街,只有一端可以通車,街尾部分和雪廠街以一條花崗岩石階相連,石階上那4盞香港僅存的煤氣街燈,每到晚上6點便會準時亮起,浪漫的場景成為許多電視、電影取景的地方,無論是告白還是約會,都非常適合!

古老的石階與煤氣燈,充滿復古風情

Ⓑuilding

藝穗會

本地藝術的推手

- http www.hkfringeclub.com
- ✉ 香港中環下亞厘畢道2號
- 📞 +852 2521 7251
- ➡ 港鐵中環站G出口,沿雲咸街方向步行約10分鐘
- 🕐 週一～日08:00～18:00
- 🗺 P.39 / D4

　　漫步在中環,很難不注意到這棟紅白磚牆的特殊建築,這裡便是藝穗會。多年來,藝穗會為藝術家們提供了免租金的場地,作品無須特別甄選即能展出,這種開放與自由的經營理念,讓人感受到他們對藝術的熱情與尊重。這裡同時也為愛好者提供一個相聚的好地方,除了觀賞表演,還可以在天台花園的露天餐廳裡,喝杯咖啡、飲個小酒,享受一下這充滿藝術氣息的美味時光,真可說是藝術即生活,生活即藝術。

旅 行 小 抄

豐富的展覽演出經歷

藝穗會是一個非營利性質的藝術團體,現址前身是舊牛奶公司的冷藏倉庫,1984年進駐大樓南翼,大樓北翼則是外國記者會。直至今日,藝穗會已經舉辦過1,400個展覽、8,150場舞台演出、1,900場音樂會和3,230次社區外展活動,其中包括於上海世博2010年演出及策展2011年第54屆威尼斯雙年展香港館,可說貢獻非凡!

ⓑuilding
前中區警署建築群
荷李活道的大型地標

- ✉ 香港中環荷李活道10號
- ➡ 港鐵中環站D2出口，步行至威靈頓街，再於擺花街轉入荷里活道
- MAP P.39 / C3

　　位於荷李活道的前中區警署建築群，包含前中區警署、前中央裁判司署及域多利監獄等3座建築，是香港早期的司法重地。其中位於荷李活道上的前中區警署，最為醒目，也保存得最好。這座4層樓高的建築於1919年增建，是當時全港最大的警署，後維多利亞風格的花崗岩石雕和巨型圓柱，美麗得讓經過的人常駐足欣賞。目前，建築群正進行活化工程，將會改建成一座當代藝術中心，預計2015年完工。

愛德華式的建築，為本地建築師於20世紀初的作品

ⓑuilding
香港醫學博物館
香港醫學發展史的展覽館

- http www.hkmms.org.hk
- ✉ 香港半山堅巷2號
- ☎ +852 2549 5123
- ➡ 港鐵中環站D2出口，沿皇后大道中走，然後乘中環至半山自動扶梯，到達堅道後轉右步行至樓梯街轉堅巷即是
- ⓒ 週二～六10:00～17:00，週日、公共假日13:00～17:00，聖誕節前夕、農曆除夕10:00～15:00
- 休 週一、聖誕節、元旦、農曆年初一～初三
- Ⓢ 成人$20，學生、長者(65歲或以上) $10，家庭套票(2成人+3兒童)$50
- MAP P.39 / C1

　　這棟紅磚砌成的香港醫學博物館，前身為細菌學檢驗所和香港病理專科學院，1996年初改為醫學博物館，裡面有11間各具特色的展覽廳，是世上率先以中西方病理作比較的博物館之一。

館內有許多香港醫學發展的藏品

❶雕刻部分，因成本控制的關係，當時以水泥取代石材 ❷修復前後對比

ⓑBuilding

孫中山紀念館
氣派非凡的富商豪宅

- http hk.drsunyatsen.museum
- ✉ 香港中環半山衛城道7號
- ☎ +852 2367 6373
- ➡ 港鐵中環站D2出口，沿皇后大道中走，然後乘中環至半山自動扶梯，到達堅道後右轉，行約5分鐘即可到達
- 🕐 週一、二、三、五10:00～18:00，週六、日、公眾假期10:00～19:00；平安夜、農曆新年除夕提前至17:00休館
- 休 週四(公眾假期、11月12日孫中山先生誕辰、3月12日孫中山先生忌辰除外)、農曆新年初一、初二
- 💲 成人$10，優惠票$5，團體票(20人或以上購標準票者)$7；逢週三、孫中山先生誕辰(11月12日)及忌辰(3月12日)免費入場
- MAP P.39 / C2

外觀簡單、典雅的大宅，卻有股不能漠視的威嚴

　　位在半山上的孫中山紀念館，原為怡和洋行買辦何甘棠的府第──甘棠第，這幢樓高4層的建築於1914年落成，屬愛德華時期的古典建築風格。屋內處處可以感受到大宅的氣派與講究，巨大的希臘式圓柱聳立在弧形陽台上，色彩絢麗的彩繪玻璃窗上有著1914的標誌，厚實的柚木樓梯、門框和壁飾，可看出當年主人家的身分地位。

　　早期銀行並不普遍，多數人習慣把財物放置家中，所以在1樓展區可以看到金庫，從牆壁厚度和遺留的痕跡，便知當時保安的嚴謹。由於這裡曾一度作為教會使用，所以一進門的地方還有一個橢圓形的受洗池。雖已有百年歷史，甘棠第卻是香港最早有鋼筋結構及供電設施的建築之一，也是香港少數現存建於20世紀初的建築物。

　　來這裡，除了觀看國父當年的照片和文物外，影視廳還會不斷播放大宅的歷史和修復過程，非常值得參觀！

孫中山
Dr Sun Yat-sen
(1866-1925)

❶立體的大雕刻，讓人好像到了博物館 ❷當年金庫所在，牆身異常的厚實

Building
西港城
感受古樸老香港的風味

http www.westernmarket.com.hk
✉ 香港上環德輔道中323號
☎ +852 6029 2675
➡ 港鐵上環站B出口，沿德輔道中走即可看到，大約5分鐘
🕐 10:00～00:00
休 週二、公眾假期
MAP P.39 / A2

Building
石板街
眾多知名電影的熱門取景地

✉ 香港中環砵典乍街
➡ 港鐵中環站C出口
MAP P.39 / B4

在充滿時尚與國際化氣息的中環，有一條用石塊高低輪替鋪成的老街，那就是大家稱作石板街的砵典乍街。這條短短的街道，曾是《十月圍城》裡梁家輝受傷的地方、《色·戒》中湯唯與王力宏吃路邊攤的場所，還有梁朝偉與張曼玉的《花樣年華》、成龍的《A計畫》中也都曾經出現過。街道雖然不長，但風味卻是十分久長。

近百年的石板街仍然依舊

紅磚外牆的西港城

到了上環，很難不注意到位在德輔道中的西港城，因為愛德華式的建築佇立在中式大樓間，顯得特別醒目。古樸的磚紅色外牆、花崗石砌成的拱門、大窗台及典雅的百葉窗簾，設計極為雅致。這裡原為船政署，後來改為上環菜市場，一百多年來一直是附近居民生活不可或缺的市集。現在則是具有傳統特色的商場，除了有售賣各式特色工藝品和懷舊收藏品的店鋪外，2樓還有來自中環老街巷弄的布匹店，遊客可以感受到老香港的風味。

ifc國際金融中心

知名國際品牌大本營

http www.ifc.com.hk
香港中環金融街8號
+852 2295 3308
機場快線香港站F出口或港鐵中環站A出口
11:00～21:00
MAP P.39 / B5

ifc國際金融中心是香港第二高的購物中心，超過200間國際品牌商店，30多家美食餐廳和一座設計新穎的戲院。商品涵蓋了中高檔至一級國際品牌，許多知名大廠的旗艦店也都設置這於此。ifc的挑高和玻璃帷幕設計，讓原本寬敞的購物空間更加悠閒自在。

你可以買杯咖啡到頂樓的露天花園，一邊欣賞維多利亞港的美景，一邊享受香醇的咖啡。若想品嘗美食，四季酒店的龍景軒和Caprice都是米其林三星餐廳，相信能滿足你買東西、吃東西的所有需求。

筆直的ifc，高聳入天 (圖片提供／ifc)

商場內還會因為各種節慶進行裝飾和表演

寬廣的購物空間，逛起來真的很舒服 (圖片提供／ifc)

Landmark置地廣場

富豪名媛最愛的消費地

http www.landmark.hk
香港中環皇后大道中15號
+852 2500 0555
港鐵中環站G出口即達
11:00～19:00
MAP P.39 / C5

來到素有「to see and to be see」的熱門地點——置地廣場，你會發現除了遊客外，來置地的本地顧客年齡層會稍長些，因為這裡以高檔的名店和名牌為主，如LV(Louis Vuitton)的旗艦店、英國高級百貨公司Harvey Nichols、米其林星級法國餐廳L'ATELIER de

Joël Robuchon都選擇這裡設店，由此可知為何置地廣場會深受城中富豪名媛所喜愛了。

大堂中央的開放式咖啡廳Café Landmark，外型像把打開的美麗扇子，備受不少明星推崇，也成為狗仔隊最愛的偷拍地點。而相鄰的歷山、遮打和太子等多座高級商場，以室內人行天橋和置地廣場相連接，讓你可以一路暢通無阻的逛下去。特別需要注意的是置地廣場的休息時間比較早，雖各家店的時間皆不相同，但基本都是晚上7、8點就打烊了，所以如果要買可要請早囉！

❶義大利的奢侈品牌BOTTEGA VENETA
❷處處是名牌專賣店的置地廣場

ZARA旗艦店

亞洲區最大間旗艦店

http www.zara.com/hk
香港中環皇后大道中70號
+852 2903 9500
港鐵中環站D2出口，步行約5分鐘
10:00～22:00
MAP P.39 / C4

來自西班牙的時裝品牌ZARA，相信大家都不陌生，位於中環的旗艦店原址為H&M，大片的米白色外牆和櫥窗設計，與紐約、倫敦、巴黎的ZARA旗艦店風格一致，樓高6層，面積超過55,000平方公尺，是目前亞洲區最大的旗艦店。

GAP旗艦店

美國國民品牌

🌐 www.gap.hk
✉ 香港中環皇后大道中31號
📞 +852 2885 0789
➡ 港鐵中環站D2出口，步行約5分鐘
🕐 週一～六10:00～22:00，週日11:00～21:00
🗺 P.39 / C4

　　GAP可說是美國的國民品牌，位於中環的分店是香港首間旗艦店，樓高4層、總面積達15,000平方公尺，貨品包羅了GAP全線產品，地面和B1有男、女裝、包包、鞋子和飾品，1樓的GAP Kids和2樓 baby GAP可說是媽媽們的最愛，每到折扣季節，裡面便擠滿

男女老少服飾皆有的GAP

了搶購的人潮，雖然衣服款式沒有對面的ZARA流行性強，但材質和剪裁都還不錯，如果喜歡休閒服飾，GAP倒是不錯的選擇。

Abercrombie & Fitch 旗艦店

有如夜店般的熱鬧氛圍

🌐 hk.abercrombie.com
✉ 香港中環畢打街12號
📞 +852 3940 1892
➡ 港鐵中環站D1出口
🕐 10:00～21:00(雖營業到晚上9點，但8點就開始關門囉)
🗺 P.39 / C5

　　位在畢打行的Abercrombie & Fitch，剛開幕時曾因許多赤裸著上身的肌肉型男駐店而轟動一時，即使現在昏暗的燈光、瀰漫

空氣中的香水，以及噗哧、噗哧的重節奏音樂，都讓人彷彿來到夜店一般。雖說夜店FU濃厚，但這裡卻是以休閒服飾為主，看店裡滿滿的人，就可想而知這行銷手法的厲害了。

❶很有夜店FU的Abercrombie & Fitch ❷古典的畢打行

TOPSHOP旗艦店
時裝潮人愛好的英倫名店

英國人氣潮店TOPSHOP

[http] www.topshop.com

✉ 香港中環皇后大道中59號

☎ +852 2118 5353

➡ 港鐵中環站D2出口，步行約5分鐘

🕐 10:00～21:00

MAP P.39 / C4

英國的時裝人氣品牌TOPSHOP，款式獨特，用色也大膽，是深受全球時裝愛好者喜愛的英倫名店。中環的旗艦店只有2層樓高，店面約14,000平方公尺，雖然面積不大，每星期都有超過300件新貨提供，也一樣可以買到倫敦時裝週系列Unique、高級限量系列Boutique，以及與各地設計師合作的服飾。

HOMELESS
古怪創意的特色家飾店

[http] www.homelessconcept.com

✉ 香港中環歌賦街29號

☎ +852 2581 1880

➡ 港鐵中環站D2出口或是上環站A2出口，往歌賦街方向，步行約10分鐘

🕐 週一～六12:00～21:30，週日、公眾假日13:00～18:30

MAP P.39 / B3

成立10年左右的HOMELESS，是香港最具特色的家居雜貨店，由於深受大家歡迎，已有許多據點分布各地，光上環歌賦街就有總店和兩家分店，店裡除了出售自家設計的家具外，還代理來自歐美、日本的設計品牌，大量有創意的商品，常讓Carrie一逛就是大半天。

❶店內充滿古怪有趣的創意商品 ❷水管環繞的裝飾已成為HOMELESS總店特有的標誌 ❸老相機造型的削鉛筆機 ❹好像變魔術般的紅酒架

大班樓
新鮮食材、天然美味

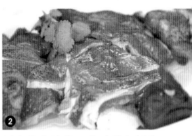

🌐 www.thechairmangroup.com
✉ 香港中環九如坊18號地下
📞 +852 2555 2202
➡ 港鐵中環站D2出口,見蓮香樓左轉,到九如坊右轉到底,步行約10分鐘即可到達
🕐 週一～日12:00～15:00、18:00～23:00
💲 平均消費$200～$400
MAP P.39 / B3

大班樓(The Chairman)是我們宴請好友時會去的地方,這裡不賣魚翅、海參或燕窩,只使用每天活宰的本地雞、本地豬和活魚、活蝦,傳統方法生產、豆味十足的醬油和腐皮,自家農場生曬的臘肉、醃漬物和有機菜,食材新鮮又好,只需簡單的烹調,味道就十分誘人,雖然價錢會比坊間餐廳高一點,但讓人吃得享受又安心。樸實簡單的裝潢,卻不失舒適,人員的服務也很優,是一家值得推薦的餐廳。

❶完全不用味精,只用梅菜提味的梅菜蒸芥藍 ❷十八味雞,經多種養生中藥材浸泡,肉質嫩滑又微帶藥香 ❸這道話梅肉桂糖醋排骨,讓外國友人吃不停口 (以上圖片提供／大班樓)

九記牛腩
翻桌率超高的80年老店

✉ 香港中環歌賦街21號地下

📞 +852 2850 5967

➡ 港鐵中環站D2出口或是上環E2出口，往歌賦街方向，步行約10分鐘即可到達

🕐 週一～六12:30～19:15、20:30～23:30

🚫 週日、公眾假日

💲 平均消費$50以下

🗺 P.39 / B3

超多料的上湯牛腩伊麵

首創清湯牛腩的九記，至今已有80多年的歷史，早期從路邊攤開始做起，一直到1997年才在歌賦街開了店。店裡的清湯和咖哩牛腩遠近馳名，中午才開始營業的九記，還不到時間，門口就已大排長龍，而狹長的店面永遠都

是滿滿的人，還好翻桌率高，所以等待時間也還算可以。

第一次來的人，Carrie建議先嘗上湯牛腩伊麵，這湯是用了300多斤的牛骨、百餘斤的坑腩和十多種中藥熬煮6小時而成，湯看起來雖然清澈，喝起來味道卻十分濃郁，而牛腩也很入味，口感嫩而不澀。如果已經嘗過清湯腩，那這次一定要試試咖哩牛筋腩麵，牛筋Q彈爽口，而湯則偏印度咖哩的香辣，吃完唇齒留香，難怪客人總是絡繹不絕。

來九記牛腩，要注意避開晚上19:15～20:30，因為這是店員吃晚飯的時間，這麼人性化的經營，也只有九記辦得到。

沾仔記
米其林推薦的必吃雲吞店

✉ 香港中環威靈頓街98號地下

📞 +852 2850 6471

➡ 港鐵中環站D2出口，沿德己立街右轉威靈頓街，步行約10分鐘即可到達

🕐 週一～日10:00～21:00

💲 平均消費$40以下

🗺 P.39 / C4

如乒乓球大的雲吞，滿是蝦肉，讓人吃得好過癮

這是每次到中環必來的雲吞店，如乒乓球大的雲吞，一咬下去，裡面滿是原汁蝦肉，讓人覺得用料真的很實在。湯頭除了有傳統的大地魚、蝦米和豬肉熬煮

外，還加了中藥材羅漢果，所以喝起來有微微的甘甜。經過米其林的加持後，生意可說是越來越好。玻璃牆上還貼滿各類推薦，更曾被《亞洲華爾日報》評為香港最佳餐廳之一。

勝香園
大排檔美食的知名老店

- ✉ 香港中環美輪街2號排檔
- ☎ +852 2544 8368
- ➡ 港鐵中環站D2出口或是上環站E2出口，往歌賦街方向，步行約10分鐘即可到達
- ⏰ 週一～六08:00～17:30
- 休 週日
- $ 平均消費$50以下
- MAP P.39 / B3

連續多年獲選最佳熱店的勝香園，是來港遊客必定朝聖的地方之一。來到這裡最常見到的驚訝

表情，通常是因為名號如此響亮的知名老店，本尊卻如此的樸實。鐵皮圍成的攤子就是

煮東西的廚房，簡單的摺疊方桌搭配圓凳子，A4紙護貝的菜單，外加頭上展開的帆布遮雨棚，這就是傳說中的大排檔美食——勝香園。除了番茄蛋通粉外，檸蜜脆脆、奶醬多多及鹹檸七都是這裡的招牌，不過建議不要夏天來，因為你會吃得滿身大汗、狼狽不堪，最好也不要用餐時間來，才不會排隊排到天荒地老喔！

❶外酥內軟的檸蜜脆脆，酸中帶甜 ❷口味偏酸的番茄牛肉通粉，讓通粉多泡一下湯汁再吃，酸度降低也比較有味道

···················

公利真料竹蔗水
二級古蹟涼茶鋪

- ✉ 香港中環蘇豪荷李活道60號地下
- ☎ +852 2544 3571
- ➡ 港鐵上環站E2出口，步行約10分鐘即可到達
- ⏰ 週一～日11:00～23:00
- $ 平均消費$40以下
- MAP P.39 / C3

公利真料竹蔗水，是棟古色古香的二級古蹟，前身為華仁書院的公利，賣的是百分之百的甘蔗汁，所以店名還特別用了「真料」兩字加以強調。在台灣看到的甘蔗都是深紫色的皮，但公利選的是青皮肉蔗，因為香港人認

為黑蔗燥熱容易生痰，所以只用綠色的甘蔗。榨汁前得先去皮、洗淨、蒸蔗，再將蒸過的甘蔗榨汁，整個過程費時2到3小時，難怪喝起來特別清香甜潤。

這裡有竹蔗汁與竹蔗水兩種，前者是完整甘蔗榨出來的原汁，後者則是將甘蔗、茅根、陳皮一起煲煮而成。而用蔗汁和馬蹄粉做成的蔗汁糕則是這裡的招牌甜點，口感軟綿綿的，吃起來有天然的蔗糖味與馬蹄的鮮美，是夏天裡的消暑聖品。

已是二級古蹟的店面

老闆娘自創的蔗汁糕

老闆娘自創的蔗汁糕

玩家交流

選位靠廚房，點心馬上拿

除了蓮香樓，Carrie會推薦位在上環的蓮香居，這家是蓮香樓第三代傳人所開設，兩家菜色相似，但蓮香居的環境明亮、寬敞，用餐時會舒服些。另外，由於蓮香樓的客人很多，又以推車方式送餐，大家要盡量選擇靠廚房的位置坐，這樣推車一出來就可以選自己喜歡的點心，既不用久等，也不用擔心車子來到桌邊時東西已被拿光。如果真的坐得很遠，那就勤勞一點走到推車拿，因為只要推車一出現，客人便蜂擁而上，車子根本無法前進，而且只要一猶豫，東西馬上被掃光，所以千萬不要不好意思，免得吃不到想吃的東西。蓮香樓白天供應點心到下午4點，晚上則是經典粵菜，想吃點心的朋友可別錯過時間喔！

蓮香樓與蓮香居
香港傳統的老茶樓

✉ 香港中環威靈頓街160-164號(樓)，上環德輔道西46-50號2-3樓(居)

☎ +852 2544 4556(樓)，+852 2156 9328(居)

➡ 港鐵中環站D2出口，步行約10分鐘(樓)；西營盤站A2出口，步行約1分鐘(居)

🕐 每天06:00～23:00(樓)；06:00～15:30、18:00～23:00(居)

💲 平均消費$100～$200

🅼 P.39 / B3、A1

中環的蓮香樓是香港老字號的茶樓，清光緒15年(1889年)創於廣州，1926年在香港開業，因其蓮香撲鼻，而獲得「蓮蓉第一家」的美譽。不同於其他茶樓現點現做的方式，這裡保留了傳統推車賣食的方式和傳統點心與功夫菜，如豬膶(肝)燒賣、淮山雞扎、大包、八寶霸皇鴨等等。

香港人習慣到茶樓吃早茶，所以一早就人聲鼎沸，熱鬧的環境也是茶樓特有的景象，來到這間百年老店，可以體驗用茶盅喝茶，還有點心車穿梭各桌之間的傳統飲茶方式。

❶著名的蓮蓉包，除了蓮蓉外還有一小塊鹹蛋黃 ❷以懷舊菜聞名的蓮香樓，仍吃得到許多費工的點心 ❸Carrie最愛的千層糕，鹹蛋黃與奶黃做的夾心，超級好吃

陸羽茶室
80年歷史的道地港式飲茶

- http www.lukyuteahouse.com
- ✉ 香港中環士丹利街24號地下至3樓
- ☎ +852 2523 5464
- ➡ 港鐵中環站D2出口，沿德己立街右轉威靈頓街，步行約10分鐘即可到達
- ⏰ 週一～日07:00～22:00，點心供應07:00～16:00
- 💲 平均消費$150～$400
- MAP P.39 / C4

傳統的飲茶點心

從外觀就看得出歷史的陸羽茶室

1933年成立的陸羽茶室，仍保留歷史悠久的櫃台、古董彩瓷和字畫，搭配上彩繪玻璃壁飾、古典雅致的吊燈，頗有上海法租界的餐館味道。已有80年歷史的招牌高掛在門口，裹著白布頭包的外籍守衛也是陸羽一大特色。老式茶樓、巧手點心，這裡的茶資雖貴，但茶葉分外講究，非常適合喜歡高檔懷舊菜色的人。想嘗一盅兩件、水滾茶靚的道地港式飲茶，那就上陸羽吧！

Agnès b. Café Le Pain Grille and Fleuriste
猶如置身歐洲的異國情調

- http agnesb-lepaingrille.com/cafehk/about-agnes-b-cafe-l-p-g
- ✉ 香港中環歌賦街8-10號中山樓地鋪
- ☎ +852 2563 9393
- ➡ 港鐵中環站D2出口或是上環站E2出口，往歌賦街方向，步行約10分鐘即可到達
- ⏰ 週一～日11:00～23:00
- 💲 平均消費$51～$100
- MAP P.39 / B3

近年來的歌賦街散布著異國風味，如果不仔細看，還會以為到了歐洲度假，從Agnès b. Café門口，就可以完全感受到這份閒散的風情。店裡提供簡單的輕食和甜點、飲料，非常受西方客人歡迎。逛歌賦街之餘，不妨小坐片刻，享受這份悠閒的情趣。

❶❷店裡提供法式輕食和甜點，後者略勝一籌 ❸門邊的小花鋪，傳來陣陣的花香

文華餅店
被譽為糕點界的卡地亞

http www.mandarinoriental.com.hk/hongkong/
fine-dining/the-mandarin-cake-shop
香港中環干諾道中5號香港文華東方酒店閣樓
+852 2825 4008
港鐵上環站F出口，步行約5分鐘即可到達
週一～六08:00～20:00，週日08:00～19:00
平均消費$41～$100
MAP P.39 / C5

文華餅店一直是Carrie很喜歡的地方，除了甜點好吃外，工作人員體貼的服務，更讓人窩心。以西餅、蛋糕、和巧克力聞名的文華餅店，在想像力豐富的總廚Yves Matthey帶領下，不時推出創意十足的甜點，已經連續數年獲得香港的最佳熱店。

此外，文華餅店還特別採用了珠寶陳列方式展示各款甜品，因此也獲得「糕點界的卡地亞」的美譽。

❶文華餅店的Croissant非常有名，常常一早就賣完 ❷❸❹像藝術品般的糕點，讓人真想帶回家去

上環、中環—特色餐飲

(圖片提供／文華餅店)

蘭芳園
絲襪奶茶創始店

- 📧 香港中環結志街2號
- 📞 +852 2544 3895
- ➡️ 港鐵中環站C出口，靠近半山手扶梯，步行約10分鐘即可到達
- 🕐 週一～六07:00～18:00
- 💲 平均消費$50以下
- MAP P.39 / C3

1952年開業的蘭芳園，一開始只是一家鐵皮搭建的路邊攤，後來因為發明了絲襪奶茶和鴛鴦奶

非常受歡迎的蔥油雞扒撈丁套餐

茶而打響知名度，位於中環的老店還可以看到當時的攤子。除了絲襪奶茶外，金牌豬扒包和創意滿滿的蔥油雞扒撈丁都非常受歡迎。(香港常說的撈丁，「撈」是拌的意思，「丁」就是泡麵「出前一丁(泡麵品牌)」，所以撈丁就是拌泡麵啦！)點單率最高的絲襪奶茶，一杯要近20元港幣，雖然不便宜，但是前來朝聖的人完全不手軟，Carrie建議有興趣的朋友點套餐，50元有找，比較划算。

香港的排隊熱店之一

春回堂
上班族超愛的中醫涼茶鋪

- 📧 香港中環閣麟街8號地下
- 📞 +852 2544 3518
- ➡️ 港鐵中環站D2出口，沿皇后大道中走到半山扶梯處右轉，步行約8分鐘即可到達
- 🕐 週一～六09:00～20:00
- 💲 平均消費$50以下
- MAP P.39 / C4

位在轉角處的春回堂是家中醫診所，由於店前方的檯子上，總是擺滿一杯杯的各式涼茶，所以會讓人誤以為是間涼茶鋪，其實這裡不但有懂英語的中醫師駐診，樓上還有藥材圖書館，不論是龜苓膏或涼茶都非常受上班族歡迎。

❶香港人習慣在攤前喝涼茶，喝完即走
❷春回堂其實是家中醫診所

鏞記酒家

米其林一星，燒鵝第一家

http www.yungkee.com.hk
香港威靈頓街32-40號
+852 2522 1624
港鐵上環站D2出口，步行約10分鐘即可到達
週一～日11:00～23:00
大年初一～初三
平均消費$201～$400
MAP P.39 / C4

由路邊燒臘攤做起的鏞記，現已發展成中外聞名的粵菜館，尤其以燒鵝聞名海內外，酥脆的外皮一入口，滿嘴的油脂香，而裡面的鵝肉鮮嫩多汁，可說是外酥裡嫩、層次豐富。難怪許多海外遊客搭機離港時，會帶上鏞記的燒鵝回國餽贈親友，還因而獲得了「飛天燒鵝」的稱呼。

鏞記酒家曾在1968年被美國《財富》雜誌選為世界15大食府，還是當時唯一入選的中菜館，也曾獲得香港米其林一星，所以想吃正宗燒鵝，鏞記是不二選擇。自由行的朋友們，如果吃不了大桌菜，來個燒鵝飯也不錯！

❶蜜汁吊燒鵝掌紮 ❷有「飛天燒鵝」之稱的鏞記燒鵝 ❸蝦子扒西施柚皮 ❹金碧輝煌的門面，宴客也十分襯頭 (以上圖片提供／鏞記酒家)

泰昌餅家

擁有全香港最好吃的蛋撻

- ✉ 香港中環擺花街35號地下
- 📞 +852 2544 3475
- ➡ 港鐵中環站D2出口，步行約10分鐘即可到達
- 🕐 週一～日07:30～21:00
- 💲 平均消費$40以下
- MAP P.39 / C3

提起泰昌餅家，大家想到的便是蛋撻，因為獨特的好味道，連前港督彭定康先生也曾慕名而來，更稱讚為「全香港最好吃的

門口永遠都大排長龍的泰昌

招牌蛋撻，連日韓觀光客都慕名而來

蛋撻」。這裡的蛋撻有兩種，一種是傳統的葡式蛋塔，外皮像拿破崙的酥皮般，但更鬆、更酥些；一種則為歐陽師傅研發的曲奇蛋撻，吃起來像餅乾脆脆的，不論哪種都一樣好吃。

泰昌的蛋撻蛋味香濃，不過一定要剛出爐吃最好，才可以感受到那種奶香濃厚、香酥滑嫩的好味道。另外，泰昌的沙翁也十分出名的，外脆內軟，吃起來甜度剛剛好。行經中環時，不妨買一兩個嚐嚐味道！

翠華餐廳

物美價廉，老少都愛

- 🌐 www.tsuiwah.com/zh，
  快翠送www.tsuiwahdelivery.com/tc
- ✉ 香港中環威靈頓街15-19號地下至2樓
- 📞 +852 2525 6338
- ➡ 港鐵中環站D2出口，沿德己立街右轉威靈頓街，步行約5分鐘即可到達
- 🕐 24小時
- 💲 平均消費$51～$100
- MAP P.39 / C4

創立於1967年的翠華，原是旺角甘霖街的小小冰室，提供價廉物

位於威靈頓街的翠華是最多觀光客知道的分店

招牌之一的「至潮魚蛋片頭河」，清爽好吃

美的道地小吃和飲料，隨著香港經濟起飛，1989年轉型成連鎖港式茶餐廳，以「首創鯊翅骨湯、魚蛋稱霸、咖哩稱皇」作口號，除了十大名菜，也提供Green Monday素食餐，由於價格平實，非常受到上班族和學生歡迎。如果在飯店懶得出門又嘴饞，只要點夠60～100元，還可幫你送上門喔！

傳統與新潮的雲吞大PK

玩家交流

　　威靈頓店對面就是知名的麥奀雲吞麵世家，據說當初沾仔記只是路邊攤而已，靠著巨型雲吞和鯪魚球出名後，就抱著挑戰名店的心態，於是跑到大名鼎鼎的麥奀對面開店。所以如果吃完沾仔記，肚子還有空間，不妨走到對面試試，看看是傳統的一口一個的雲吞好吃？還是突破傳統的巨型雲吞好吃？麥奀有的是名氣，沾仔有的是人氣。相信不論哪種，都是各有滋味！

麥奀雲吞麵世家
知名的傳統雲吞麵店

✉ 香港中環威靈頓街77號地下
📞 +852 2854 3810
➡ 港鐵中環站D2出口，沿德己立街右轉至威靈頓街，步行約10分鐘即可到達
🕐 週一～日11:00～21:00
💲 平均消費$40以下
MAP P.39 / C4

　　一提到香港的雲吞麵店，道地的香港人都會說麥奀，因為傳統的雲吞其實像台灣的餛飩一樣小小的，所以對他們來說，後來發展的大size是不正宗的。「麥奀」的「奀」唸「ㄣ」，本身就是小的意思，也難怪有人戲稱「麥奀雲吞麵世家」吃巧、不吃飽。

❶店門前的玻璃窗，可以清楚看到師傅們煮食的情況 ❷果然很小的一碗雲吞麵

知 識 充 電 站

正宗雲吞麵大有來頭

一碗標準的雲吞麵，每個環節卻都非常講究，湯要由數種食材長時間熬製，麵不是鴨蛋麵、竹昇麵，便是手工做的銀絲麵，不論哪一種，都一定要加鹼水增彈性(所以如果覺得鹼味過重吃不慣，不妨加點桌上的紅醋，就可以降低鹼味)。雲吞方面則是皮要薄，內餡多為三分肥肉、七分蝦肉，包後整顆還要留有金魚尾。傳統的個頭小，一口一個，又稱一啖一個。裝碗時，會先擱上4顆雲吞，再放上麵，而且麵要浮出湯的表面，這樣才算正宗。吃的時候，要先吃完麵條才吃雲吞，因為麵泡久了會影響口感，所以雖然是一碗小小的雲吞麵，可是有許多講究和來頭喔！

WaterMark
在浪漫的夜景中品嘗美酒

- http www.cafedecogroup.com
- 香港中環7號碼頭L號鋪
- +852 2167 7251
- 港鐵香港站F出口，走天橋到天星碼頭
- 週一～日11:30～00:00
- 平均消費$401～$800
- MAP P.39 / A6

香港四處都有迷人海景的餐廳，但要像WaterMark一樣位在天星碼頭，擁有270度完全無遮擋的就不多了。如果搭船到離島遊玩，回來時不妨到一旁的WaterMark，一邊欣賞對岸的迷人夜景，一邊品嘗特調的雞尾酒，可說是無限浪漫喔！

❶以進口海鮮自製熟成牛排出名 ❷餐廳屋頂的巨型天窗，讓整個空間視野更加開闊 (以上圖片提供／WaterMark)

利苑酒家
品嘗粵式餐點的最佳選擇

- http www.leigarden.hk
- 香港中環港景街1號國際金融中心商場二期3樓3008號鋪
- +852 2295 0238
- 機場快線香港站F出口或港鐵中環站A出口
- 週一～日11:30～15:00、18:00～23:00
- 平均消費$201～$400
- MAP P.39 / B5

在香港、澳門、中國、新加坡都有分店的利苑酒家，過去40年間曾陸陸續續研發了一千多種菜色，其中又以XO醬和楊枝甘露最為家喻戶曉。不斷創新的餐點和

優雅大方的用餐環境，讓利苑酒家屢屢獲獎。2014年香港、澳門就有6家分店獲得米芝蓮一顆星的評價，其他店也分別榮登各城市的最佳餐廳之列，是你品嘗粵菜的最佳選擇。

❶味覺、視覺雙重享受的龍騰四海 ❷著名的招牌之一冰燒三層肉 (以上圖片提供／利苑酒家)

SEVVA

精緻高雅的時尚餐廳

http sevva.hk

✉ 香港中環遮打道10號太子大廈25樓

☎ +852 2537 1388

➡ 港鐵中環站K出口，旁邊即是太子大廈，進入後有一個直達25樓電梯

🕐 週一～四12:00～15:00、20:00～00:00，週五～六12:00～15:00、18:00～02:00

休 週日

💲 平均消費$401～$800

MAP P.39 / C5

Carrie非常喜歡SEVVA的設計，在這裡，你不會看到金碧輝煌、豪華氣派的裝飾，卻又能充分感受到那份精緻與高雅的氛圍，因為所有的布置規畫都經過香港知名潮人郭志怡所策畫。

餐廳共分為4區，有藝術氛圍濃厚的Bank Side、典雅舒適的Harbour Side、慵懶現代的Taste Bar及坐擁無敵海景的Terrace，其中Carrie特別喜歡Lounge裡那面植物牆和色彩豐富、變化多端的座位。

這裡不只可以吃東西，也很適合和三五好友相聚閒聊，從藝人李嘉欣結婚時也選這裡宴請賓客，就知道SEVVA是個不容錯過的好地方！

❶與其到蘭桂坊，不如來SEVVA喝杯小酒，欣賞迷人的夜景 ❷在這裡用餐，是色、香、味俱全的饗宴 ❸面向維多利亞港的Harbourside用餐區，極簡舒適 ❹環境亮麗時髦的Lounge，還有一整面直立式花園（以上圖片提供／SEVVA）

75

金鐘、灣仔

概 況 導 覽

金鐘一直被視為中環的延伸,在英屬時期為軍防重鎮,這裡曾有三軍司令官邸、維多利亞軍營、海軍船塢,現則為香港政府辦公大樓和眾多大使館的聚集地,也是港島線和荃灣線交匯的轉運樞紐。英屬時期的灣仔又稱「下環」,由於鄰近軍營、船塢,酒吧和色情行業發達,因此曾為聞名一時的紅燈區,好萊塢還以此為故事背景拍攝了《蘇絲黃的世界》。

對香港人來說,灣仔也許是帶點凌亂的舊區,但Carrie卻是非常喜歡這裡,因為對外地人來說,這是少數可以感受到香港靈魂的地方之一,也是除了中上環外,保留最多古蹟的地方,不同的是這裡多為舊式唐樓,在香港政府古蹟活化的努力下,成為保育相當成功的傳統地區,也使灣仔能維持老香港的懷舊風情!

金鐘、灣仔地圖

告士打道

杜老誌道
謝斐道
駱克道
軒尼詩道
豪華咖啡茶廳
皇后大道東

劍
史
域道
柯
布
連
臣
街

港灣道

港灣徑

博
覽
道
東

動漫基地
🍴 皇后新店

軒尼詩道 三不賣

菲
林
明
道

V hotel Wanchai2

杜士戟道

皇后大道東

香港會議
展覽中心新翼

■ 香港會議展覽中心

灣仔政府大樓

入境事務大樓

🍴 莎巴馬來西亞餐廳

譚臣道

灣
仔
道

石水渠
街

藍屋、灣仔民間生活館

石水渠街

大原街
(玩具街)

交加街

大
原
街

英迪格酒店

舊灣仔郵局

C1 A1
A2 A4 A5
🏧
B1 B2
A3

灣仔電腦城

🍴 灣保軒
環保軒

會
議
道

君悅酒店茶園 Tiffin

稅務大樓

🍴 永華麵家

盧
押
道

博
覽
道

香港演藝學院

謝斐道
駱克道
軒尼詩道
譚臣道

分
域
街

莊
士
敦
道

和昌大押 🍴 大
The Pawn

王
東
街

軍
器
廠
街

福臨門酒家

皇后大道東
日街
月街
星街

聖
佛
蘭
士
街

中信大廈

政府總部

● 香港公園

往海洋公園乘車處

德立街

金鐘道

E1
E2
🏧
C1
F D

B
C2

添
馬
街

金鐘廊 D1 C2

JW
🏨 奕居
大古廣場

港麗酒店

香格里拉

🏨

正
義
道

堅尼地道

法院道

香港海洋公園

大人小孩都風靡的主題公園

- **http** www.oceanpark.com.hk
- ✉ 香港黃竹坑
- ☎ +852 3923 2323
- ➡ 從中環天星碼頭或港鐵金鐘站B出口的巴士總站，搭乘629巴士至海洋公園下車，車程約25分鐘
- ⏰ 10:00～20:00(閉館時間淡旺季有所不同，請上官網查詢)
- 💲 一日票成人$345，兒童(3～11歲)$173，3歲以下、65歲以上香港居民、「殘疾人士登記證」人士及香港居民生日當天均可免費進場
- **MAP** P.77 / B1

還可距離觀賞企鵝可愛的泳姿

　　位於港島南邊的香港海洋公園，1977年開幕以來即獲獎無數，2012年更勇奪業界最高殊榮：「全球最佳主題公園Applause Award」，是亞洲第一間獲得此榮譽的主題公園！占地超過87萬平方公尺的海洋公園，分山下的「海濱樂園」和山上的「高峰樂園」兩大景區，分別由空中纜車及海洋列車相連接。

　　高峰樂園為園區內的主要部分，有海洋、冰極、急流、動感和熱帶雨林天地。海濱樂園則有亞洲動物、威威天地和夢幻水都。想要好好玩過癮的朋友，別忘了先查清楚表演時間和想去的景點，做好路線規畫後，才能把目標一網打盡、盡情遊玩！

①

❶全球首創的360度水幕表演，為您帶來聲光交匯的視聽震撼 ❷雙腳懸掛於半空的「動感快車」，真的會讓人腳軟 ❸遊客可搭乘空中纜車或海洋列車上下山 ❹世界十大水族館之一的「海洋奇觀」，可飽覽珍貴魚類外，還可在水底餐廳享用美食呢 ❺有如電影文化城一般的香港老大街，是不錯的拍照景點

旅行小抄

玩遍樂園小攻略

在金鐘港鐵站的「港鐵旅遊」和中國旅行社買門票會便宜些。海洋公園有近百個景點，第一次來的朋友記得先到正門索取地圖和表演時間(或先上網查看)，挑選好適合的時間和景點後再規畫路線。Carrie建議先前往高峰樂園，再一路往回走。如搭乘海洋列車只需大約3～4分鐘，而纜車則要8分鐘，不過纜車能飽覽窗外風景，所以建議大家不妨搭一趟海洋列車，一趟纜車，這樣既可以享受到快捷的便利，又可以欣賞到當地美景。

79

太原街
道具服飾眾多的玩具街

✉ 香港灣仔太原街
➡ 港鐵灣仔站A3出口出來，過莊士敦道右邊巷子即可到達
🕐 10:00～20:00
MAP P.77 / C5

太原街原本只是一條賣食品雜貨的小巷子，90年代開設了幾間玩具店後，因而得名玩具街。每逢不同節日，玩具店前就會懸掛不同東西，例如中秋節的燈籠(香港習俗是中秋掛燈籠)、中國年的鞭炮、萬聖節的南瓜和各種道具服飾，一整條街充滿了熱鬧過節氣氛。這裡除了店面商鋪外，馬路旁還擺滿了鐵皮搭建的活動攤位，營業時販售各類貨品，衣服、包包、鞋子配件，可說應有盡有。休息時收起來則是一個個獨立的綠色儲物櫃，非常有意思！

❶走傳統路線的日昇 ❷❸連老外都來報到的鴻興有兩個店鋪大

舊灣仔郵局
古色古香的中式建築

🌐 www.epd.gov.hk
✉ 香港灣仔皇后大道東221號
📞 +852 2893 2856
➡ 港鐵灣仔站A3出口，沿太原街步行到皇后大道東即可看到，大約10分鐘
🕐 週一、二、四、六10:00～17:00，週三10:00～13:00
休 週日、公眾假期
💲 免費
MAP P.77 / D5

舊灣仔郵局已經成為灣仔的地標之一

舊灣仔郵局成立於1912～1913年間，是香港現存最古老的郵局，目前已改為環保署的環境資源中心，又名「環保軒」。中心內設有參考圖書館、互動學習室、展覽角和環保花園，透過回收資源，製作環保產品和「再生能源」模型，讓訪客用活潑有趣的方式來學習環保知識。

藍屋
市井小民的生活實體版

http 香港故事館houseofstories.sjs.org.hk
✉ 藍屋：香港灣仔石水渠街72-74號，
　香港故事館：香港灣仔石水渠街74號
☎ 香港故事館 +852 2835 4376
➡ 港鐵灣仔站A3出口，沿太原街到皇后大
　道東，再轉入石水渠街
🕐 11:00～18:00
休 週三、公眾假期
$ 免費
MAP P.77 / D5

　　具有嶺南風味的一級古蹟藍屋，是香港少數還有露台建築的唐樓，「藍屋」的由來，理由簡單到只因為當時工人手上就只剩藍色油漆，所以「藍屋」就這麼理所當然的出現了。這裡有一所充滿歷史痕跡的「林鎮顯醫

館」，前身為黃飛鴻徒弟林世榮後人開辦的武館。

　　除了看看老房子，還可到「香港故事館」參觀，透過當時的生活物品和黑白照片，一探香港早年的生活與文化。

　　這裡除了是觀光景點外，也提供電影放映、音樂會、畫室和以物易物的講價攤，為街坊鄰居重要的聚會場所。

❶❹狹長形的空間，擺滿了各式收藏 ❷和黃飛鴻有所淵源的傳統醫館 ❸現在的藍屋，充滿歲月的痕跡

動漫基地
融合人文美學與創意

- http www.comixhomebase.com.hk
- ✉ 香港灣仔茂蘿街7號
- ☎ +852 2824 5303
- ➡ 港鐵灣仔站A5出口，沿軒尼詩道走到三叉路口，往右過馬路到英皇集團中心，旁邊的巷子就是茂蘿街
- ⏰ 週二～日動漫基地展覽空間10:00～20:00，動漫沙龍12:00～20:00，公眾休憩空間08:00～22:00
- ⊘ 農曆年初一～初三
- $ 免費
- ℹ 導覽服務：週二～五16:00舉行、週六、日13:30、16:00舉行。每團最多20人。一般針對公眾的導覽服務以粵語進行，參觀人士無須預約，只需在導覽服務開始前15分鐘於大堂排隊等候即可。這裡的導覽也提供用英語或普通話，但只針對團體，10～20人成團。有興趣的人請於參觀日前兩週email至chb@hkac.org.hk或致電預約
- MAP P.77 / C6

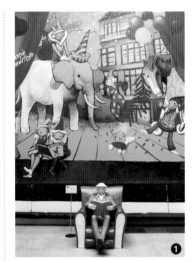

①

一直很愛老建築、老東西的Carrie，有天經過茂蘿街口時，無意間發現了這連棟的老房子，就被深深吸引了。上網查詢後，才知道這裡原來是有百年歷史的二級古蹟「綠屋」。整棟樓房採用了中國傳統建築延伸的金字頂和充分展現西方建築風格的法式門、懸臂式陽台和鐵花欄杆，這種融合了中、西方建築特色的舊式住宅，在香港已經難得一見了。幸好在市建局推行的古蹟活化中，「綠屋」搖身一變成為香港首個以動漫為主題的人文藝術社區——動漫基地，目前由香港藝術中心負責營運。

1樓是跟藝術社區有關的商店，店鋪後方則有一大片露天的公共空間。2樓為皇后飯店，3樓和4樓是文化創意相關的工作室、活動與展覽空間，5樓則為展覽廳。大家在欣賞這棟歷史建築物的同

②

③

動漫基地

時，還可以參觀動漫的製作過程及閱讀逾千本珍貴的海內外漫畫。除此之外，這裡還有導覽服務，內容包括介紹動漫基地成立過程、茂蘿街及巴路士街建築群的特色與歷史，以及動漫相關活動簡介，整個導覽時間大約30～40分鐘，這麼好康的事卻完全免費，所以有興趣的朋友，千萬不要錯過喔！

❶公眾休憩空間裡的卡通繪畫與雕塑 ❷寬敞舒適的展覽空間，可說有國家級水準 ❸❹❽古色古香的原建築混搭了現代的設計，卻一點也不覺得衝突 ❺❻❼這裡展出許多漫畫家的手稿和卡通人物的模型 (❹❼❽圖片提供／動漫基地)

新店裝潢簡單清爽

置身歷史建築中品嘗新穎美食

在世界各地都可以見到許多不同的古蹟，但要像香港這樣，還可以在裡面用餐的，可就不是到處都有了。不同於中上環的英式老建築，灣仔的主要以中式唐樓為主，大家除了可以參觀這些古蹟以外，還可以親身體驗在廣式老房子裡用餐的獨特經驗。

古蹟中的特色餐廳

豪華咖啡茶廳
無價的豪華人情味

✉ 老店：香港灣仔莊士敦道226號，
新店：香港島灣仔茂蘿街7號動漫基地下A鋪
☎ +852 2574 3069
➡ 港鐵灣仔站A5出口，沿軒尼詩道走到三叉路口，往右過馬路到英皇集團中心，旁邊的巷子就是茂蘿街
🕐 週一～日05:00～19:00
💲 平均消費$40以下
MAP P.77 / C6

來到豪華咖啡茶廳，會發現有兩家店名一樣的商鋪相鄰而立，一家是歷史悠久的老店，平房前總坐滿了閒聊的街坊鄰居，店裡狹小而老舊，但是生意卻一點都不輸隔壁的新店，因為這裡才是附近街坊相聚、話家常的老地方。新店則配合動漫基地的整體設計，只用了簡單的紅磚牆，搭配上幾張木桌椅，一股懷舊味道油然而生。店裡面積也不大，但因樓層挑高的設計，消除了擁擠的感覺。

為了古蹟活化計畫，市府甚至提供了市價一半的租金優惠，在不能破壞建築物外牆和保育的要求下，多數餐飲還是由老店製作後再送過來。這裡價格和老店一樣，雖然只有單點，但因為價格便宜，即使分別點了餐和飲料，也頂多30元上下。店裡的工作人員看我拍照，不但沒有阻止，還笑容滿面的問：「幫我們拍照啊？」難怪大家喜歡到這裡來。

在豪華咖啡茶廳裡，沒有豪華的裝潢，因為在這裡，豪華的是難得的人情味，尤其在香港這片土地上，更顯得無價。

皇后飯店
Queen's Café
復古風十足的裝潢擺飾

http www.queenscafe.com

香港灣仔茂蘿街1-11號3號鋪

+852 2116 1910

港鐵灣仔站A5出口，沿軒尼詩道走到三叉路口，往右過馬

路到英皇集團中心，旁邊的巷子就是茂蘿街

每天12:00～23:00

平均消費$55～$300

MAP P.77 / C6

❶門口的老相機，彷彿告訴大家這裡與演藝圈的關係 ❷用餐區有的樸實復古、有的輕鬆新穎 ❸沒試過其他的俄國菜，無法分辨是否道地

第一次到皇后飯店是在北京的三里屯，當時只知道這家來自香港的餐廳和影視圈的淵源不小，後來才明白，原來是當年王家衛看中了飯店的復古裝潢，情商在此拍攝《阿飛正傳》，因而打響了知名度。這裡以羅宋湯、紅酒燴牛仔肉等俄國菜聞名，不同一般香港餐廳的擁擠，皇后飯店有4大用餐區，環境非常寬敞、舒適。

你可以選擇從茂蘿街的門口登梯而上，體驗一下廣式老建築裡又窄又陡的樓梯，抑或穿越1樓商店到後面搭乘電梯。進門後的這區比較像客廳，擺了許多復古的家具，有古老的收銀機、黑膠唱片、唱盤，還有一整個櫃子的古董相機。牆後則是3個長條形的用餐區。餐點有套餐、單點和下午茶，價格也算合理。

離開前不妨買個伴手禮，1樓的皇后餅店，不論餅乾或是蛋糕都相當具水準，值得一試！

❹皇后飯店的1樓是西餅店，餐廳的甜點都是由這裡提供 ❺這區充滿了舊擺設，牆上掛的是貓王唱片

和昌大押
保有傳統印記的老建築

🌐 www.thepawn.com.hk
✉ 香港灣仔莊士敦道62號2～3及頂樓
📞 +852 2866 3444
➡ 港鐵灣仔站B1出口，沿菲頓遊樂場步行至莊士敦道即可看見；
　或搭叮叮車在盧押道下
🕐 酒吧：週一～六11:00～02:00，週日、公眾假期11:00～23:00；
　餐廳：週一～日12:00～15:00、18:00～00:00
💲 平均消費$40～$500
🗺 MAP P.77 / C4

建於1888年的和昌大押，是棟帶有長廊式陽台、且4棟相連的廣式建築，原本由百年大押商羅氏家族所持有，羅氏曾於此經營典當業直到2003年，香港市區重建局接手後，耗資超過1,500萬港幣完成修復工作。目前1樓除保有「和昌大押」字樣的大門外，剩餘空間改為商店，2～3樓則為英式酒吧和餐廳The Pawn。

　經由古蹟商業化，藉以保留下許多和昌大押時的特色。原本的櫃檯變成了酒吧，存放典當品的小房間變成了私人包廂，更酷的是The Pawn沿用典當業的標誌「蝠鼠吊金錢」當作Logo，將這屬於傳統的印記完整保留下來。

一進The Pawn，首先會看到名為Living Room的酒吧，彷彿到人家家裡作客，用餐前會先在客廳小坐一樣，這也和西方人到餐廳用餐，會先在吧檯喝飲料等待入座的習慣有關。3樓是名為Dining Room的餐廳，由於來這消費的多是西方人，所以用餐價格偏高。最上層的陽台，則可向下眺望灣仔的街景。到香港，不妨坐上叮叮車來和昌大押，看看這棟老建築，再上The Pawn喝杯茶或小酒，體驗一下這屬於老香港的懷舊時光。

❶復建後的「和昌大押」，仍可看出當年的風光歲月 ❷「和昌大押」的門面，完好得一如當年 ❸牆面上的照片，一再提醒人們這裡的過去 ❹2樓的Living Room，擺了許多店家收集來的舊家具，好搭配這棟老宅子 ❺簡單裝潢的用餐區，有著那個年代的風華（❶❹❺圖片提供／和昌大押）

知識充電站

傳統典當業的原始容貌

和昌大押雖然保留下大部分的容貌，但傳統典當業高如人頭的櫃台和門後那片遮羞板則早已不復見。由於典當不是件光彩的事，所以傳統當鋪門後設有遮羞板，擋住交易場景。而遮羞板後，那高過人頭的櫃台，設計有其巧妙之處，一來要形成你有求於我的情勢，二來掌櫃不想讓客人看到品物論價的過程。有興趣的朋友，不妨到位於軒尼詩道371號，有60年歷史的灣仔地標「同德大押」，就可以看到這些典當設施。這棟3層樓高的三級古蹟，由澳門第二代賭王、有港澳「押業大王」稱號的高可寧家族所持有，目前仍維持典當生意。

仍保有傳統樣貌的同德大押

太古廣場
充滿設計感的時尚空間

http www.pacificplace.com.hk
✉ 香港金鐘金鐘道88號
📞 +852 2844 8988
➡ 港鐵金鐘站F出口
🕐 服務台10:00～00:00(各店營業時間不同,請先上網查詢)
MAP P.77 / C2

❶

位於金鐘站上方的太古廣場,優雅的設計、寬敞舒適的購物空間,即使大型的百貨商場陸續開業,這裡特有的設計風格仍一直深受Carrie喜愛。1988年建成的太古廣場,為了提升商場的設計和格調,斥資約20億元港幣,請來了國際創意奇才Thomas Heatherwick主導整個改建計畫。Thomas Heatherwick的成名作是利用層木做出宛如絲帶般造型,而他也把這手法運用到太古廣場。從天花板包裹的梁柱、手扶梯下的裝飾到洗手間,都用了商場少見的木材素材,整個空間到處都是柔順流暢的曲線設計,連電梯都像透明的波浪板一般,充滿時尚與現代感,讓顧客體驗到一種全新的奢華感受。

❷

❸

除此之外，太古廣場引進了百餘家流行時尚與國際品牌。除了名牌精品，還有數十家的餐飲、4家知名飯店、1家酒店式公寓和1家環球影城，分布在1～3層的商場內。如果你想在忙碌的工作空檔來一趟犒賞之旅，那你絕不能錯過這個貴婦級的太古廣場，相信絕對能滿足你高標準的要求。

❶❹寬敞的購物空間，提供高規格的服務 ❷廁所的隔間，像一條流動的絲帶般動人 ❸透明的波浪形電梯，充滿流行時尚感 ❺商場內充滿誘人精品 (❶❷❸❹圖片提供／太古廣場)

旅行小抄

出發前，請先查詢營業時間
太古廣場因商家數目眾多且營業時間不同，如有特定品牌需求，最好先上網查清楚，以免白跑或浪費時間等候。例如同樣是餐飲服務，酒店提供早餐，可能7點便開始營業，而有的餐廳則要到11點過後才能入內，所以為了不影響心情，記得先做好功課。

知 識 充 電 站

創意無限的Thomas Heatherwick設計師

知名英國設計師Thomas Heatherwick一向以古怪創意著稱，也許你對Thomas Heatherwick這名字並不熟悉，但提到上海世博英國館，那個會隨風擺動的蒲公英Seed Cathedral或是2012年倫敦奧運開幕式上的花瓣聖火台，你可能就有印象了，這些可皆出自Thomas Heatherwick和他的工作團隊喔！

金鐘廊
主打年輕創意的平價服飾

http www.labconcepthk.com
✉ 香港島金鐘道93號
☎ +852 2118 3599
➡ 港鐵金鐘站C2出口
🕐 10:00～21:00
MAP P.77 / B2

如果你覺得太古廣場的商品太過昂貴，那不妨到只有一條天橋之隔的金鐘廊。同樣都位於金鐘站的上方，商場的面積雖沒有太

古廣場大，卻不失一個購物的好地方，尤其在2012年連卡佛的附牌LAB Concep正式入駐後，引進多個國際時裝品牌，有青春洋溢的彩妝，也有創意滿點的服飾配件，商品種類多元。而廣受歡迎的餐飲，如翡翠拉麵小籠包、一風堂、simplylife也都在這裡可以品嘗到。

❶從太古廣場過個天橋就到金鐘廊 ❷整個商場走的是年輕路線，價格也更親民

灣仔電腦城
港島最大3C商場

✉ 香港灣仔軒尼詩道130號
☎ +852 2834 7685
➡ 港鐵灣仔站A4出口
🕐 11:00～21:00
MAP P.77 / C5

灣仔電腦城是港島最大型的3C商場，來到這會讓人想到光華商

場或是NOVA，各式各樣的手機、相機、電腦相關產品及配件琳瑯滿目、應有盡有，整個商場環境也很舒適。來到香港，如果發現缺什麼3C商品，不妨來此選購。

❶裡面和NOVA很像 ❷灣仔電腦城是港島區最大的3C賣場

特色餐飲 *Restaurant*

福臨門酒家
得獎無數的富豪飯堂

- http www.fooklammoon-grp.com
- ✉ 香港灣仔莊士敦道43-45號
- ☎ +852 2866 0663
- ➡ 港鐵灣仔站B2出口
- 🕐 11:30～15:00、18:00～23:00
- 💲 平均消費$401～$800
- MAP P.77 / C4

超過半世紀歷史的福臨門酒家，是香港知名的高級粵菜館，創辦人徐福全先生曾為清朝官邸家廚，也曾在香港名門何東家中當任主廚，因早期光顧的皆是富有人家及顯赫家族，所以也有

「富豪飯堂」的稱號。時至今日，仍維持優良風味並屢屢獲獎，不但連續兩年獲得亞洲50最佳餐廳，2014年更躍升至第19位且勇奪「最佳進步獎」，也曾獲Best of Award of Excellence，是當時香港唯一非星級酒店的獲獎粵菜館。

❶富豪飯堂福臨門酒家 ❷竹笙釀官燕，爽脆的竹笙，釀入嫩滑的燕窩 ❸中式料理的大龍蝦 (以上圖片提供／福臨門酒家)

永華麵家
傳統老牌竹昇麵店

- ✉ 香港灣仔軒尼詩道89號(灣仔修頓球場對面)
- ☎ +852 2527 7476
- ➡ 港鐵灣仔站B1出口,往左沿軒尼詩道走到紅綠燈口,過馬路到對面即可到達
- 🕐 週一~日11:00~01:00
- 💲 平均消費$40以下
- MAP P.77 / C5

經營了61年的永華是香港的老牌麵店,為「香港必食50小吃」之一,也是米其林指南上所推薦的餐廳,就連名廚安東尼・波登來香港時都特地前來採訪。這裡賣的是廣東傳統作法的竹昇麵,由於竹昇麵作法繁複費時,在香港已經很難吃到了。

出名的鮮蝦雲吞,秉持傳統一口大小的作法,加上了新鮮的韭黃段,清香鮮甜。蠔油蝦子撈麵也是特色之一,在乾麵上灑滿蝦子(仔),吃起來蝦味濃郁,一旁的蠔油,則可依個人口味濃淡斟酌拌入。

來此可以點一碗雲吞、一盤撈麵,由於竹昇麵口感比較嚼勁,如果喜歡口感偏軟的人,點餐時不要忘了要求煮軟一點。另外,每桌都有的醃蘿蔔,就像台灣牛肉麵店的榨菜一樣,任君取用。在樣樣「貴松松」的香港,要吃到這樣的免費小菜,可說是非常的稀有。當其他知名麵店分店越開越多時,永華麵店還是僅此一間,別無分號!

❶ 永華麵店,已經成為到香港必吃的小吃了 ❷ 加了韭黃的雲吞湯,增添幾許香氣 ❸ 蠔油蝦子撈麵和所附的蝦子湯,鹹鮮好味

知 識 充 電 站

竹昇麵的由來

竹昇麵,正名應為竹竿麵,廣東人覺得「竿」的發音不太吉利,因而改為「昇」。傳統的竹昇麵分為兩種,一種是加入鴨蛋及鹼水,另一種則是用全蛋做的,由於麵條呈黃澄澄的顏色,所以又叫銀絲麵。製作時,做麵的師傅會坐在竹竿的一端,重複用力打壓另一端的麵團,壓成薄片後,再切成條狀。加鹼是為了增加食用的口感,不過由於現在的人不喜歡鹼水的味道,改用全蛋麵的餐廳也越來越多了。

莎巴馬來西亞餐廳
眾多咖哩口味的道地星馬菜

✉ 香港灣仔謝斐道98-102號仁文大廈1樓4及5號鋪(近盧押道)

📞 +852 2143 6626

➡ 港鐵灣仔站C出口左轉,沿駱克道走到盧押道右轉直走,然後再右轉謝斐道

🕐 週一~日07:00~00:00

💲 平均消費$100以下

🗺 P.77 / B5

莎巴馬來西亞餐廳是一家以正宗星馬菜為主打的餐廳,因為鄰近馬來西亞旅遊促進局和領事館,所以不少馬來人把這裡當作是自家廚房,由馬來西亞和印度師傅主廚的莎巴,口味非常道地。這兒的咖哩菜色款式眾多,有馬沙拉咖哩、椰汁咖哩、古馬咖哩和馬來巴東咖哩等等等,各有各的風味,菜單裡清楚標示了辣椒的數目,讓客人從中了解每道菜的辣度。

來莎巴,隨時可以看到印度師

❷ 傅正在甩餅或拉茶,因為現點現做,口感一流。用來沾咖哩吃的油鬆餅,最受客人歡迎。此外,拉茶也是必點的品項之一,技術好的師傅拉茶時,茶越拉越遠,完成時,滿滿的泡沫超過杯身,比卡布奇諾還要厲害呢!

中午的客人由於上班族多,所以這裡也推出個人式的套餐,主食加飲料百元有找,如果點的是咖哩,還可以選擇白飯或油鬆餅(印度餅)。想試的話,最好12點前到,以免浪費時間等位。

❶咖哩羊肉搭油酥餅,絕配 ❷❸師傅現場表演拉茶 ❹顧客可邊吃邊欣賞師傅甩餅

師傅正在甩餅

君悅酒店茶園Tiffin
環境美、氣氛佳的午茶地點

http www.hongkong.grand.hyatt.com.hk/zh-Hant/hotel/dining/Tiffin.html

✉ 香港灣仔港灣道1號君悅酒店閣樓

☎ +852 2584 7722

➡ 港鐵灣仔站A5出口，利用連接灣仔站和香港會議展覽中心的人行天橋，往會展中心的方向走，步行約15分鐘即可到達

🕐 15:30～17:30

💲 平均消費$301～$500(HK$328／1人，HK$656／2人)

MAP P.77／A4

①

位於君悅酒店的茶園，挑高設計的室內空間，讓人在裡面感覺格外的寬敞、舒適，一整面的落地玻璃，增加了室內的採光，坐在窗邊，可以享受綠意盎然的公園景致。雅致的陳設，搭配上現場演奏的音樂，彷彿貴族般的享受。這樣的音樂饗宴，從中午到凌晨不間斷，中餐時有鋼琴演奏，下午茶時間是爵士三重奏，晚餐到當天結束則是四重奏的爵士樂。

茶園午茶的最大特色就是除了傳統英式點心架外，還有自助式的甜點吧。有特製冰淇淋區、不需冷藏的甜點區和蛋糕區。除了甜點外這裡不用茶包敷衍客人，而是用德國Ronnefeldt的原裝茶葉，從精美的杯盤和銀製茶具，就可看出他們的用心，還有多達14種的茶款供選擇，當然，如果你偏愛咖啡，來自義大利illy也是不錯的選擇喔！

②

旅 行 小 抄

服裝儀容別太休閒喔

由於Tiffin的點心架空間有限，如果點的是兩人份的點心，會出現有些甜點只有一份的情況，這時候千萬不要辛辛苦苦的自己分，然後把美美的食物都弄碎了，只需表明點的是兩人份，請服務人員補上就好。另外，到五星級飯店用餐，基本的服裝儀容還是要注意一下，雖不至於要著正式服裝，但拖鞋短褲就麻煩收起來，尤其經過英國治理過的香港，在這方面比輕鬆隨意的美國要更注重喔！

❶像一株小樹苗般的銀色五層架，是Tiffin獨一無二的標誌 ❷❺自助甜點吧的種類繁多，包括冰淇淋都是自家做的喔 ❸Tiffin的景觀，不論白天或晚上，都值得欣賞 ❹Tiffin選用的餐具非常典雅 (❶❸圖片提供／君悅酒店茶園Tiffin)

三不賣
專賣野葛菜水的老字號

✉ 香港灣仔莊士敦道226號富嘉大廈1樓

📞 +852 2555 2202

➡ 港鐵灣仔站A4出口，沿軒尼詩道走到三叉路口，往右過馬路到英皇集團中心，經過茂蘿街不久就可看到

🕐 週一～六11:30～21:30

休 週日

💲 平均消費$40以下

MAP P.77 / C6

　　1948年開業的三不賣，秉持著「不夠火喉不賣，不夠材料不賣，地方不乾淨不賣」的原則，製作能醫感冒咳嗽的野葛菜水，而且不像香港其他的涼茶鋪，會

提供十來種不同功效的涼茶，這裡就只賣野葛菜水，使用野葛菜、羅漢果、龍利葉、蜜棗、陳皮等中藥熬製，聞起來有羅漢果的香味，喝起來則帶點龍脷葉及蜜棗的清甜，具有祛痰止咳、清熱下火的功效。一旁擱了碗鹽，可加一點調味，這作法和台灣的沙士加鹽巴有異曲同工之妙。

❶沿用早期的碗裝方式，客人飲完即走
❷另有瓶裝供選擇

銅鑼灣

銅鑼灣應該是香港密度最高的購物區了，可說是五步一家十步一店，而且選擇之多樣，從百貨公司、精品店到路邊攤全都有，想買世界名牌到利園、名店坊，想要買中高檔商品到時代廣場、崇光百貨、希慎廣場，想找潮流服飾就到金百利，想試路邊攤就到渣甸坊，保證可以讓你逛上一整天。由於銅鑼灣還是許多日本人的群居地，所以區內有不少日系百貨公司和餐廳，是哈日朋友不可錯過的地方。

銅鑼灣地圖

N

怡東酒店

丼丼日本告列專門店

WTC MORE 世貿中心

喜喜冰室 2

加寧街

京士頓街

告士打道

百德新街

名店坊

東角 Laforet

記利佐治街

皇室堡

榮記粉麵街

銅鑼灣站 D1

SOGO

金百利商場

D3 東角道 D3

D4 D2

P2

希慎廣場

FOREVER 21

一門

渣甸坊

渣甸街

恩平道

利園一、二期

希慎道

利舞臺廣場

禮頓道

Mini Hotel

喜喜冰室

新寧道

開平道

新會道

加路連山道

邊寧頓街

啟超道

波斯富街

利園山道

告士打道

蘭芳道

白沙道

希慎廣場

Mira moon

一蘭

謝斐道

駱克道

豚王

新記車仔麵

羅素街

啟龍街

時代廣場

翡翠拉麵小龍包

銅鑼灣站 A

勿地臣街

利舞臺廣場

往跑馬地賽馬場

往賽馬博物館

羅華街

黃泥涌道

鵝頸橋

寶靈頓道

軒尼詩道

鵝頸橋街市

馬師道

馬師道

跑馬地賽馬場與賽馬博物館

絕不能錯過的下注體驗

http 香港賽馬場 www.hkjc.com，賽馬博物館 entertainment.hkjc.com/entertainment/chinese/racing-museum

✉ 香港跑馬地體育道1號

☎ +852 2966 8065

➡ 港鐵銅鑼灣站A出口時代廣場，沿勿地臣街步行往黃泥涌道，步行約15分鐘即可到達；或是搭乘跑馬地的叮叮車到終點，步行約5分鐘即可到達

🕐 週一～日12:00～19:00

MAP P.97 / D3、D2

全場觀眾激動得無法坐住 (圖片提供／香港賽馬會)

　　來香港，千萬不要錯過一些台灣沒有的活動，賽馬就是其中之一。除了7、8月炎熱的天氣，不適合馬匹競賽外，其他的時間到香港，一定要來參與這項英國上流社會的傳統社交活動。你可以花10～20元(單買為10元，獨贏、位置都簽為20元)在投注站選一匹馬，然後和所有人一起看駿馬奔馳、吶喊叫囂，體驗這種令人熱血沸騰、緊張刺激的活動。

　　而緊連著跑馬地馬場的賽馬博物館，保存了香港賽馬發展的珍貴資料，其中還包括香港三屆馬王「祿怡」的骨架和「翠河」的標本。肚子餓了，也可以到滿貫廳品嘗道地的香港料理，還可以邊欣賞馬賽邊享受美食喔！

❶

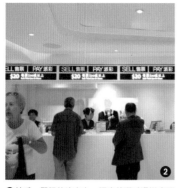

❶精采、緊張的比賽中,調皮的選手還送出飛吻(圖片提供/香港賽馬會) ❷投注有櫃台和自助機兩種,不妨試一下運氣如何 ❸跑馬地賽馬場旁的賽馬博物館 ❹賽馬博物館裡,展示了馬王「翠河」的標本(圖片提供/賽馬博物館)

鵝頸橋
特有的打小人祈福習俗

✉ 香港銅鑼灣堅拿道西與軒尼斯道交界(鵝頸橋下)

➡ 港鐵銅鑼灣站A出口,沿羅素街向鵝頸橋方向步行5分鐘

MAP P.97 / C3

最近感覺事事不順,小人纏身嗎?那就來鵝頸橋找個職業打手吧!這些打手們既沒有強健的肌肉,也不會近身格鬥,卻能幫你把「霉運」一一打跑,這就是傳說中的鵝頸橋打小人。這項香港特有的習俗,除了可趕走小人外,同時還可以幫你祈福,但注意的是他們並不會幫你打特定的

人,而是幫忙驅趕不好的事物或壞人,用的也不是詛咒的字句,而是一些祈福的經文。至於為什麼一定要在鵝頸橋打小人呢?據說打小人需要在殺氣大的地方才會特別靈驗,這裡面對三岔路口,是最佳的「三煞位」,所以成為打小人的熱門地點。

有興趣的人可以前往參觀,但未徵得同意前,千萬不要隨便的拍照,以免弄得這些打手們罵人喔!

99

時代廣場
世界名牌雲集的購物指標

http www.timessquare.com.hk
✉ 香港銅鑼灣勿地臣街1號
☎ +852 2118 8900
➡ 港鐵銅鑼灣站A出口
🕐 10:00～22:00
MAP P.97 / D4

時代廣場是銅鑼灣最大型的百貨商場，內部含括3家百貨公司，包括走高端路線的連卡佛(Lane Crawford)、英國百貨公司馬莎(Marks and Spencer)，以及專售各國生活雜貨的city'super。另外位於10～13樓的食通天，雲集了20多家中、西、日、韓餐廳，選擇眾多。

除了商場，外面的露天廣場，每到各式節慶便會裝飾得五彩繽紛，常常吸引許多遊客拍照留念，尤其元旦前夕更是熱鬧得不得了，因為這裡會像紐約的時代廣場一樣，舉行大型倒數活動，吸引數眾人前來慶祝。

❶❷戶外的廣場，不時舉辦各種活動，吸引眾多遊客前往 ❸❹歷久不衰的時代廣場 ❺地下1樓的city'super，除了超市，還有Fusion Deli、cooked Deli和LOG-ON

Causeway Bay

利園一、二期
名人、明星最愛的掃貨點

http www.leegardens.com.hk
✉ 香港銅鑼灣希慎道33號
☎ +852 2907 5227
➡ 港鐵銅鑼灣站F1出口即達
🕐 商店：週日～四10:00～22:00，週五、六、公眾假期前夕10:00～23:00；餐廳：週日～四11:00～23:00，週五、六、公眾假期前夕11:00～24:00
MAP P.97 / C5

利園一、二期 (圖片提供／利園一、二期)

銅鑼灣給人的印象除了商場、餐廳密集外，狹隘的街道、吵雜與擁擠的人群也包括其中，如果

LV旗艦店位於利園一期

不想讓這些破壞了你購物的好興致，那就去擁有寬敞購物空間、世界級名牌服飾與餐廳的利園一、二期，這裡的PRADA和Chanel店鋪特別寬敞，是香港名人與明星的掃貨熱點。其中的兒童名店區有香港首家的Burberry Children專門店，還有Ralph Lauren Children、Baby Dior、COMME CA KIDS及I PINCO PALLINO等多個國際名牌的童裝專門店。

利舞臺廣場
年輕潮流的日式百貨

http www.leegardens.com.hk
✉ 香港銅鑼灣波斯富街99號
☎ +852 2886 7302
➡ 地鐵銅鑼灣站A出口
🕐 商店：週日～四10:00～22:00，週五、六及公眾假期前夕10:00～23:00；餐廳：週日～四11:00～23:00，週五、六及公眾假期前夕11:00～00:00
MAP P.97 / D4

利舞臺廣場擁有台灣商家最喜歡的三角窗位置，是整個商圈中較小規模的商場，這裡以日本品牌為主，除了UNIQLO旗艦店和無印良品外，較特別的是這裡的Café & Meal MUJI，主打清淡的日式飲

利舞臺廣場 (圖片提供／利舞臺廣場)

食。另外從新加坡引進的樂天皇朝，則有獨創的八色小籠包和改良的中式料理。

希慎廣場
主打年輕潮流風格

🌐 hp.leegardens.com.hk
✉ 香港銅鑼灣軒尼詩道500號
📞 +852 2886 7222
➡ 港鐵銅鑼灣站F2出口
🕐 商店：週日～四10:00～22:00，週五、六、公眾假期前夕10:00～23:00；餐廳：週日～四11:00～23:00，週五、六、公眾假期前夕11:00～24:00
🗺 P.97 / C5

希慎廣場是Carrie最喜歡的商場之一，這裡不但有舒適的購物空間，裡面也有許多很棒的商品，像HOLLISTER、Accessorize、SIXTY EIGHT、Smile Yogurt等等，雖然客層主要為年輕族群，但常常可以看到新鮮有趣的東西，即使不是目標對象也很難不受吸引。

有別於其他老商場的狹小、擁擠，這裡挑高的設計，良好的採光，可是曾榮獲美國綠色建築協會LEED「白金級」認證，讓逛街享受大大加分。誠品的第一間

海外分店也設置於此，超過4萬英呎，共有3層樓的店面，在裝潢和氣氛上保留了台灣原有的風格，營造出絕佳的閱讀與購物環境。

11樓的「KITCHEN 11」美食廣場，集合了11家不同口味的特色料理，以「家」為設計概念，內部裝潢採用清新自然的木質打造，營造出親切的家居氣氛，讓顧客可以在如家裡溫馨的空間中用餐。最酷的是希慎使用中央餐

廳訂座系統，只需在2樓設置的餐
廳訂座系統訂位，便可放心地繼
續購物，因為每層樓的電子告示
牌都會顯示號碼，讓顧客等候座
位的同時，仍然可盡情享購物的
樂趣。

❶永遠不乏新鮮貨的希慎廣場(圖片提供／
希慎廣場) ❷❹超大間的美國品牌 ❸款式
新穎、質料舒服又平價的SIXTY EIGHT，是
許多女性朋友的最愛 ❺以平價配件為主的英
國品牌Accessorize ❻KITCHEN 11美食廣場，
寬敞又舒適 ❼顏色、造型都好可愛的Smile
Yogurt ❽以京都傳統店鋪為構想設計的BO-
LO＇GNE，以丹麥麵包聞名 ❾來自東京的
WIRED CAFE，於希慎廣場開設海外首間
分店

FOREVER 21
閃耀盒子般外觀的旗艦店

http www.forever21.com
香港銅鑼灣渣甸坊5-19號京華中心地下至5樓
+852 2890 4791
港鐵銅鑼灣站F1出口對面即是
週一日10:00～01:00
MAP P.97 / C5

FOREVER 21為韓裔美藉夫婦張道元和太太金淑所創辦，原名為「FASHION 21」，一開始賣從韓國批來的平價服飾，銷售產品以年輕休閒服、內衣、泳衣及配件為主，擴大營運後改名為FOREVER 21。就像瑞典的H&M、西班牙的ZARA和日本的UNIQLO一樣，FOREVER 21也定位在fast fashion，每一件產品從下單到上架，平均只花4週的時間，而且價格比前幾位都低，位於銅鑼灣6層樓高的旗艦店，是來港遊客必去的商場之一。

WTC MORE世貿中心
日韓時尚潮流集中地

http www.wtcmore.com
香港銅鑼灣告士打道280號
+852 2576 4121
港鐵銅鑼灣站D1、D2、D3或E出口，沿著東角道往前走到底即可到達
10:00～23:00
MAP P.97 / A5

WTC more世貿中心，是一家走潮流路線的商場，深受年輕時尚達人的喜愛，除了引進受歡迎的知名品牌如GLOBAL WORK、

MeeH、JC SHOP Lollipop等，還有許多特色美食，其中上海綠楊邨酒家、功德林上海素食、海南少爺及桐燒日本料理均為米其林推薦餐廳，因位於維多利亞港旁邊，所以半數餐廳都擁有海景，如果中午12:00剛好在此用餐，還可以看到前方有百年歷史的午炮儀式。

❶MeeH的品牌Logo靈感來自羊毛標誌Woolmark ❷許多有趣的日韓潮流新貨JC Shop Lollipop

東角Laforet 與金百利商場

猶如來到日本的原宿區

東角Laforet

http www.laforet.hk

香港銅鑼灣東角道24-26號

+852 2504 0188

港鐵銅鑼灣站E出口

13:30～23:00

MAP P.97 / B5

金百利商場

香港銅鑼灣記利佐治街1號

+852 2890 6823

港鐵銅鑼灣站E出口

11:00～22:00

MAP P.97 / B5

雖然香港的大型商場很多，但其實商品大同小異，如果你已經逛膩了如出一轍的地方，不妨到

包羅萬象的商品，是閒逛淘貨的好地方

東角Laforet與金百利商場。這裡沒有千篇一律的品牌，商場裡全是一間間的小店，每家店的商品風格迥異，有本土設計師的作品，也有跑單幫的店主從歐美或日韓精心挑選回來的流行服飾。東角Laforet的商品比較年輕化，價格也相對便宜，而金百利的價格雖然高一點，但東西相對有質感些，商場也比較有規畫。

名店坊 Fashion Walk

歐洲品牌聚集地

http www.fashionwalk.com.hk

香港銅鑼灣記利佐治街、百德新街、加寧街、京士頓街、告士打道

+852 2833 0935

港鐵銅鑼灣站E出口

10:00～23:00

MAP P.97 / B5

位於銅鑼灣核心的名店坊，由4條充滿活力的街道所組成，你可以從記利佐治街漫步到百德新街，再步行至京士頓及加寧

街，在各大國際品牌旗艦店間穿梭閒逛。這裡有英國時裝品牌Vivienne Westwood、西班牙休閒鞋Camper、日本名設計師品牌津森千里以及Beams等。而「銅鑼灣食街」裡的20多間餐廳，包括中、日、韓、泰國及西班牙等美食，還設有露天茶座，你可以在室內用餐，也可享受露天美食的樂趣，每週五晚上還有音樂演出，是逛累歇腳的好去處。

❶塑造歐洲戶外用餐的情趣 ❷以歐洲品牌為主的名店坊 (以上圖片提供／名店坊)

崇光百貨SOGO

資深日本品牌百貨

- http www.sogo.com.hk
- ✉ 香港銅鑼灣軒尼詩道555號
- ☏ +852 2833 8338
- ➡ 港鐵銅鑼灣站D2、D3、D4出口即達
- ⏰ 週一～四10:00～22:00,週五、六、公眾假期前夕10:00～22:30
- MAP P.97 / B5

老牌日式百貨SOGO

　　1985年開業的SOGO,是香港最大型的老牌日式百貨,因為在地鐵上方占了地利之便,每天都是人潮滾滾。貨品除了和其他百貨差不多的國際名牌外,較特別的是地下室的超級市場,有許多從日本引進的食品、蔬果,是住在香港的日本人選購所需的地方。近年來由於內地開放自由行,SOGO已經成為自由行旅客採買名牌的熱門地點。

皇室堡

全港最大的親子商場

- http www.windsorhouse.hk
- ✉ 香港銅鑼灣告士打道311號
- ☏ +852 2895 0668
- ➡ 港鐵銅鑼灣站E出口
- ⏰ 各商鋪皆不同,約11:30～23:00
- MAP P.97 / B6

　　很少地方像皇室堡一樣深受媽媽們喜愛了,因為凡是小孩的一切所需,這裡幾乎都找得到。除了Baby Monster、Hallmark Babies、Next Children等商鋪外,還有室內遊樂場——美國冒險樂

園。除此之外, 16樓整層的荷花親子Eugene Baby,可以說是小孩的一站式購物商場。

❶幾乎一半的專櫃和小朋友有關,難怪被稱為親子商場 ❷又被稱為兒童版IKEA的Eugene Baby,有許多兒童樣品房 ❸占據一整層的Eugene Baby,東西真是又多又齊全

榮記粉麵
人潮不斷的車仔麵老店

📧 香港銅鑼灣糖街27號A地下
📞 +852 2808 2877
➡️ 港鐵銅鑼灣站E出口，步行約5分鐘即可到達
🕐 11:30～22:00
💲 平均消費$50以下
🗺️ P.97／B6

位於銅鑼灣鬧區的榮記粉麵已經經營了40多個年頭，雖只是賣車仔麵的小店，卻常常可以看到等待開門的人龍，但來這的食客卻完全不在意，因為他們知道這一碗由各種配料拼湊而成的粉麵值得等待。這裡的配料煮得軟爛入味，加了滷水的湯頭，讓粉麵

配菜滿滿一碗

滋味香濃，味精放得不多，喝了也不易口渴。

值得一提的是老闆還規定每碗粉麵最多只能搭4種配菜，倒不是怕客人點，而是碗真的不夠大。沒吃過車仔麵的朋友，不妨來上一碗再繼續血拼！

翡翠拉麵小籠包
改良過的道地上海菜

🌐 hk.crystaljade.com/welcome-zh-cmn
📧 香港銅鑼灣勿地臣街1號時代廣場B2 B221A號鋪
📞 +852 2506 0080
➡️ 港鐵銅鑼灣站A出口即可到達
🕐 11:00～23:00
💲 平均消費$41～$100
🗺️ P.97／C4

來自新加坡的翡翠拉麵小籠包是家上海餐館，口味道地，卻無

上海菜一貫的油膩感，招牌小籠包皮薄餡料好，改良過的擔擔麵雖不夠香辣，但麵條彈牙，現點現做的蔥油餅，蔥香餅酥，而各式炒菜也都十分可口。

這裡的東西好吃，服務也不錯，加上用餐環境舒適，難怪會被LV以1億美金的天價收購。想試試上海菜，不妨來一趟翡翠拉麵小籠包！

❶招牌小籠包及擔擔麵 ❷豆沙鍋餅及薑茶湯丸 (以上圖片提供／翡翠拉麵小籠包)

喜喜冰室
充滿古色古香的懷舊風味

http www.cafematchbox.com.hk

✉ 香港銅鑼灣新會道2號(老店)；銅鑼灣加寧街8號海倫大廈(新店)

☎ +852 2881 0616(老店)，+852 2868 0363(新店)

➡ 港鐵銅鑼灣站A出口，往右走約10分鐘(老店)；港鐵銅鑼灣站E出口，往左走約10分鐘(新店)

🕐 週一～日08:00～23:00

💲 平均消費$40以下

MAP P.97 / D5、A6

喜喜冰室走的是近幾年風行的懷舊設計，老店古色古香的感覺，尤其靠街道的窗邊，還有些許老咖啡店的風味，讓人覺得時光彷彿真的暫停般。新店則是擺放許多老東西，很像早期冰室的重現。

招牌之一的雞批浮台，其實就是雞肉餡的烤派＋青豆湯，雞批的外層很酥鬆，搭上雞肉內餡，真的好好吃，青豆湯很爽口也沒有青澀味。招牌之一的香蕉克戟(Pancake)，賣相雖然一般般，其實非常好吃，淋在Pancake上的醬，散發著濃濃的香蕉味，可以說是整道甜點的靈魂。

茶餐廳的好處是快速，分量不會過多，一個人吃也OK，而且不需加一成服務費。個人覺得喜喜冰室是少數風味不錯的茶餐廳，而且用餐環境比一般茶餐廳要好很多，非常值得來香港的朋友試試喔！

❶香蕉克戟(Pancake)也是這裡的招牌之一 ❷把雞批泡在青豆湯的雞批浮台 ❸舊時的木卡座和吊扇

Causeway Bay

知識充電站

港式飲食文化——茶餐廳

來香港，除了吃飲茶外，另一項代表香港的飲食文化就是茶餐廳。很多人會誤以為飲茶是要到茶餐廳，NO、NO、NO(搖頭、搖指中)，那什麼是茶餐廳？茶餐廳又賣於什麼呢？其實現在遍布香港的茶餐廳，一開始只是提供冷飲、雪糕等冰品的冰室。當時要吃西餐只能到稱為「西菜館」的西餐廳，又被稱為餐室，而多數的餐室位於星級酒店內，價格非常昂貴，不是一般市民消費得起。

二次大戰後，受英國殖民影響，西式飲食成為一種身分地位的象徵，當時聰明的商人，有鑑於許多人對西餐充滿嚮往，卻又消費不起，於是想到了將西餐平民化的點子，但又擔心當時的人對味道陌生的西式餐飲難以接受，於是發明了一種結合餐室與冰室的「茶餐廳」，除了提供價格低廉的仿西食物外，也慢慢加入雲吞麵、魚蛋粉等傳統餐點。現在，茶餐廳已經成為一種為人熟知的港式飲食文化了。

新記車仔麵
以辣味出名的平價麵食

✉ 香港銅鑼灣登龍街49號地下B鋪
☎ +852 2573 5438
➡ 港鐵銅鑼灣站B出口，步行約10分鐘即可到達
🕐 每天12:00～23:30
💲 平均消費$50以下
MAP P.97 / C4

香港的車仔麵不少，但像新記以辣味出名的則不多。這裡的配料種類多達40種，從最具代表性的香港小吃——魚蛋到著名的豬大腸、金錢牛肚，菜色有葷有素，選擇眾多。選完菜別忘了挑選湯底和主食，有清湯、滷汁、牛腩、辣汁4種湯底，還有米粉、河粉、米線、各式麵條等9種的主食。

香港人喜歡車仔麵除了菜色豐富外，重點是便宜，價格以菜色多寡計價，葷素一樣價，最後加上一匙自家特製的辣醬，真是「歐伊西」啊！如果你喜歡吃辣的，那麼新記車仔麵是你不可錯過的平價美食。

❶從工作檯上就可以看出配料選擇眾多 ❷主打香辣口味的車仔麵 ❸招牌辣醬，可惜沒外賣

日本料理大匯集

令人難以抗拒的美食饗宴

日本人聚集的銅鑼灣，肯定少不了好滋味的日本美食，不論是炸豬排、生魚片，還是定食、拉麵、燒肉，甚至日式甜品店，可以說什麼都不缺。來銅鑼灣血拼之餘，別忘了也來嘗嘗日本料理喔！

❶

❷

一門
江戶風情的日式居酒屋

http www.themonstage.com
✉ 香港銅鑼灣軒尼詩道502號黃金廣場4樓
☎ +852 2504 3313
➡ 港鐵銅鑼灣站F1出口出來右轉，到軒尼詩道再右轉，步行約2分鐘即可到達
⏰ 11:30～15:00、18:00～01:00
$ 平均消費$101～$200
MAP P.97 / B5

第一次來一門，就深深愛上這間帶著江戶時代風情的居酒屋。在銅鑼灣這寸土寸金的地方，難得可以看到這麼寬敞舒服的用餐環境，不只空間大，員工愉悅、熱情的服務更是難得。而且食材新鮮，價格也很合理，難怪很多老客人都不禁一來再來，這是Carrie大推的一家餐廳。

❶受歡迎的蟹肉玉子燒，不只料足，而且是用真的蟹肉 ❷即使兩個人，也享有一整張桌子，不用擔心併桌 ❸壽司套餐，一小碟雜菌、一碗蔬菜烏龍麵、一大盤壽司、一杯飲料，百元有找

❸

丼吉日本吉列專門店
香港最受歡迎的炸豬排店

✉ 香港銅鑼灣告士打道280號世貿中心4樓412
號鋪
☎ +852 2577 6617
➡ 港鐵銅鑼灣站D3出口,沿著東角道往前走到
底即是世貿中心
🕐 週一～日12:00～15:00、18:00～22:30
💲 平均消費$201～$400
MAP P.97 / A5

　　とん吉(Tonkichi)丼吉日本吉列專門店,可說是全港最受歡迎的日式吉列店了,如果用餐時間沒訂位,可是會一位難求喔!由高木崇行所開設的丼吉,用一半日語一半漢字來做店名,とん是「豚」的日語發音,也就是豬的意思,「吉」則是吉祥。像許多日本餐廳一樣,保證口感一致,所有食材都從日本進口,所以價格並不便宜。

　　炸豬排是這裡的招牌菜,用的是鹿兒島的黑豬肉,因為油脂比一般的豬肉多些,炸後既不乾澀且柔嫩多汁,薄薄的外層酥脆爽口,讓平常不吃炸物外衣的Carrie也都全部下肚,可見真的好吃!醬汁是豬骨熬製成的,酸酸甜甜的味道,讓炸豬排吃起來一點也不膩,加上無限添加的高麗菜絲有清熱作用,讓人瞬間忘記熱量這回事。

❶炸豬排下方的網架,可以疏散熱氣,保持豬排的酥脆口感 ❷生魚片沙拉除了章魚和鮭魚外,還有一塊塊透明的膠原蛋白凍,非常受到女性顧客喜愛 ❸大櫥窗裡滿是得獎的獎牌

知 識 充 電 站

「吉列」即是炸豬排

　　一開始看到吉列兩個字,你可能會好奇是什麼意思,其實吉列(Cutlet)源自法文Côtelette,原來泛指肉片,不過現在已經變成炸豬排的通稱。排排炸得好不好,除了油要新鮮外,溫度是主要因素,溫度太高,肉質容易變得乾硬,溫度不夠,吃起來油大且不夠酥脆,因此很考驗師傅炸東西的技巧。好的炸豬排,要外皮酥脆,裡面的豬肉則要質地軟嫩且肉汁豐富,才算是一份好的吉列喔!

一蘭
天然豚骨拉麵專賣店

http hk.ichiran.com
✉ 香港銅鑼灣謝斐道440號駱克大廈A座地下H及I鋪
☎ +852 2152 4040
➡ 港鐵銅鑼灣站C出口，步行約2分鐘即可到達
🕐 週一～日24小時營業
$ 平均消費$100以下
MAP P.97 / B3

　　即使已24小時營業，人潮卻沒有因此減少，3個用餐空間裡，每一個座位都用木板隔開，一眼望去，只見食客們一個個埋頭吃麵。

　　坐定後，前方的竹簾是拉起的，等到上完麵才會放下，好讓客人專心用餐。點菜的單子上分得很細，包括湯頭的濃淡、麵條的軟硬、香油和蒜蓉的分量、配料的選擇等等。如果快吃完覺得還不過癮，只要把剛剛點菜單的「加麵底」打勾，放到「加麵碟」，按下服務鈴，工作人員就會來收單了。

　　一蘭拉麵的湯頭清爽不油膩，麵的軟硬適中，一入口，滿嘴的豬骨濃香，讓Carrie破天荒的加了半份麵。

❶別以為就只有門口排隊的人龍，進門後還要繼續排 ❷一格格的用餐區，有點像早期的K書中心 ❸祕製辣醬，辣度由1/2到20，可自行選擇 (圖片提供／一蘭)

豚王
最受食客歡迎的拉麵店

- http www.butaoramen.com
- ✉ 香港銅鑼灣登龍街40號地下
- ☎ +852 2893 3190
- ➡ 港鐵銅鑼灣站C出口，步行約2分鐘即可到達
- ⏰ 週一～日11:00～23:00
- $ 平均消費$100以下
- MAP P.97 / C4

桌上有炒過的豆芽、梅菜和大蒜，如同台灣牛肉麵的酸菜一般

　　連續3年獲得多項大獎的豚王，最受歡迎的四大天王分別為豚王、翠王、黑王和赤王。其中招牌豚王，麵條浸泡在熬煮十多小時的湯汁裡，味道非常香濃，平均每天賣超過2,000碗，非常受歡迎！

　　Carrie最愛的赤王，麵上的辣味噌會隨著熱湯的溫度，逐漸將辣味釋放出來，做到香而不辣的境界，如果本身口味重，點菜時還可以加上獨門唐辛醬，辣度從1～10，任君選擇。

拉麵四大天王大比拼

豚王　屬於博多骨湯拉麵的豚王

翠王　以橄欖油加新鮮羅勒做醬，並加入豐富蔬菜和起司粉的翠王

赤王

Carrie最愛的是用自家特製的辣味噌做成的赤王

黑王

加入日本傳統秘製黑醬，再混新鮮蔬菜的黑王

尖沙咀、佐敦

(圖片提供／The One)

概況導覽

　早在清朝時期，尖沙咀無論是海路還是陸路，都是華南地區的要衝，連西方人也到此從事貿易活動，可說是中外互動頻繁。時至今日，這裡還是處處可見不同膚色、不同人種的外籍人士穿梭其中。除此之外，尖沙咀也是香港少數集娛樂、藝文、旅遊和購物於一身的地區，這裡的博物館數量是香港第一，百貨公司、購物中心和滿街的時尚潮店也多不勝數，各式的異國美食更是充斥在大街小巷，是一個很受觀光客歡迎的地區。在沒有港鐵前，佐敦被視為油麻地的一部分，雖然區內老舊，但也因此保留了許多家知名傳統小吃店，是品嘗道地美食的好地方。

尖沙咀、佐敦地圖

往■環球貿易廣場ICC
回圓方廣場
■天空龍吟 ■田舍家
■Mango Tree

佐敦道
麥文記麵家
澳洲牛奶公司
寶靈街

廣東道

上海街
廟街
吳松街
白加士街
庇利金街

佐敦站

柯士甸道

柏麗大道
彌敦道

●古物古蹟辦事處

Munch
諾士佛台
Dada Bar+Lounge

漆咸圍 香港歷史博物館
漆咸圍

往■香港科學館

往■唯港薈

加連威老

柏麗購物大道

九龍公園

美麗華商場 金巴利道
金巴利道
加連威老道

←中港城

加拿芬道
龍城大藥房

The ONE

往■香港3D
奇幻世界

金馬倫道

←中國客運碼頭

九龍公園徑

九龍清真寺

JUST INN
海防道 JUST INN
亞士厘道
漢口道

堪富利士道
撲撲旅舍
碧仙桃路

Fullhouse
Signature

帝苑餅店

←廣東道名店街

新港中心

尖沙咀站

K11購物藝術館

河內道

←海港城

新太陽廣場

樂道

iSQUARE

撲撲旅舍
北京道

1881Heritage

galley café & dining

中間道

尖東站

半島酒店
梳士巴利道

天星小輪
天星碼頭
維港遊

鐘樓

■香港太空館

麗星郵輪
DELI AND WINE

香港文化中心

洲際酒店

星光大道

維多利亞港

香港藝術館
幻彩詠香江

N

環球貿易廣場ICC
全港第一高樓

http 環球貿易廣場www.shkp-icc.com
Sky100觀景台www.sky100.com.hk

✉ 香港九龍柯士甸道西1號

☎ 環球貿易廣場+852 2730 0800
Sky100觀景台+852 2613 3888

➡ 港鐵九龍站B出口

🅒 Sky100觀景台10:00～21:00

💲 Sky100觀景台：成人$168，兒童(3～11歲)、長者(65歲或以上)$118；網上優惠價：成人$142，兒童(3～11歲)、長者(65歲或以上)$100

MAP P.115 / A1

老少咸宜的Sky100，還滿適合全家一起出遊
(圖片提供／新鴻基地產)

❶就算不住宿，也可到Ritz Carlton的大堂品個午茶、喝杯咖啡 ❷ICC的燈光秀，每年都有春、夏、秋、冬不同主題 ❸還可以跟著對照圖認識香港景觀建築 (以上圖片提供／環球貿易廣場ICC)

位在九龍站上方的環球貿易廣場ICC，可是全港第一高樓，共有118層，其中10～99樓為寫字樓，100樓的Sky100觀景台可360度鳥瞰香港風景。101樓的Sky Dining網羅了龍璽中餐廳、田舍家、翡翠雲臺、天空龍吟等4間高級食府，102～118樓則為六星級的The Ritz-Carlton Hong Kong。

在這香港最高的摩天大樓裡，你可以住進Ritz-Carlton裡，體驗睡在半空中的感覺。或是在居高望遠的餐廳裡，品嘗世界級的美食。當然，你也可以到樓下的貴婦商場「圓方」，享受一下當貴婦的滋味！

旅行小抄

優惠好康可至官網查詢
因為Sky100接受包場，有時會有局部區域關閉，甚至全層皆不開放的情形，有興趣前往的朋友，請務必事先至Sky100網站查詢，以免敗興而歸。另外Sky100會不定期舉辦優惠活動，例如一張票可在活動期間內無限次進出，或是下午茶兩人套票優惠等，相關訊息都可在官網上查到，所以記得先上去網站看看喔！

Tsim Sha Tsui • Jordan

(圖片提供／1881 Heritage)

1881 Heritage
百年古蹟的購物殿堂

- http www.1881heritage.com
- ✉ 香港九龍尖沙咀廣東道2A
- ☎ +852 2926 8000
- ➡ 港鐵尖沙咀站L6出口，右轉即可到達
- 🕐 公共空間24小時開放；餐廳、商店、酒店營業時間皆不同，請至官網分別查詢
- 💲 免費
- MAP P.115 / A6

中庭不時有各類活動裝飾

80年代起就是香港水警總部的「1881」，由於優美的建築和歷史意義，1994年成為法定古蹟，歷經6年的古蹟活化，一個匯集名店、餐廳、古蹟酒店和展覽館的「1881 Heritage」從此就誕生了。

即使有商業化的處理，現在來到1881，你仍可欣賞到歷史的原貌，往日報時的時間球塔變成了展覽場地；防空洞成為前往展覽廳的通道；水警總部主樓化身為古蹟飯店；而馬廄變成了餐廳，消防局則改建為時裝店。行走在這歷史建築中，無論是用餐、 逛街、或是欣賞建築本身，都能夠感受到濃厚的殖民色彩。

而這裡的美麗建築和花園，也成為一對對新人婚紗取景的最佳場所。無論何時拜訪1881，相信這充滿異國風味的地方，都會讓你拿著相機一拍再拍，停不了手。

❶面向廣東道的商鋪都為知名品牌 ❷圓形建築的前時間球塔，一旁為經線儀 ❸前水警總部主樓現為古蹟飯店Hullett House（❷❸圖片提供／1881 Heritage）

117

天星小輪
人生必遊的行程之一

🌐 www.starferry.com.hk

✉️ 香港九龍尖沙咀天星小輪碼頭

📞 渡輪服務查詢：+852 2366 2576、
+852 2367 7065

➡️ 尖沙咀天星小輪碼頭：從港鐵尖東站L6出口，沿梳士巴利道往鐘樓方向步行前往，約5分鐘。中環天星小輪碼頭：從港鐵香港站A2或港鐵中環站A出口，沿民耀街步行前往，約10～15分鐘。灣仔天星小輪碼頭：從港鐵灣仔站A1出口，沿人行天橋往香港會議展覽中心方向走，至港灣道後再轉往會議道，約15分鐘

🕐 中環、尖沙咀線06:30～23:30，灣仔、尖沙咀線07:20～23:00

💲 週一～五成人$2.5，12歲以下及殘疾人士$1.5元，65歲以上免費；週末成人$3.4，12歲以下及殘疾人士$2.1元，65歲以上免費

🗺️ P.115 / A7

　　台灣雖然也是海島，但渡輪的使用卻沒有香港這麼便利。在香港，除了陸上交通外，海上運輸也很發達，所以大家到香港，不妨嘗試一下不一樣的交通工具，體驗不同的生活方式。自1888年起就接載香港市民穿梭維港的天星小輪，還曾被美國的《國家地理旅遊雜誌》列為「人生50個必遊項目」之一。來香港旅遊，別忘了把這個優質價廉的觀光景點，列入行程中喔！

旅 行 小 抄

暢遊維多利亞港行程

香港的維港遊有3種，分別是輝星輪、洋紫荊號、張保仔號。三者都有繞著維多利亞港的行程，遊客可以在船上一邊享受微風陣陣，一邊悠閒地欣賞香港特有的迷人景色。除非冬天，Carrie會建議來趟維港夜遊，因為你不但可以看到世界三大夜景之一的香港夜景，還可以趁機避開炎熱的天氣。

輝星輪

你可以搭上仿照1920年代的天星小輪設計的輝星輪，一邊品嘗咖啡，一邊悠閒地欣賞醉人美景，也可以走到露天甲板上，享受微風拂面，沐浴在陽光之中。

🌐 www.starferry.com.hk/tc/Introduction

📞 +852 2118 6201、+852 21186208

🕐 夏季(2/1～9/30)11:55～17:55、18:55～20:55，冬季(10/1～1/31)11:55～16:55、17:55～20:55；幻彩詠香江維港遊19:15～19:55

💲 日間票：成人$90，優惠票$81；夜間票：成人$170，優惠票$153；幻彩詠香江維港遊：成人$ 195，優惠票$176

🔖 各行程皆不同，請先上網查詢

🚢 暢遊維多利亞港，途經上環、中環、灣仔、銅鑼灣及尖沙咀

❶人生50個必遊項目之一 ❷古典雅緻的休息區，就像一間活動咖啡館般 (以上圖片提供／輝星輪)

洋紫荊維港遊

為香港小輪集團成員之一，自1998年起將汽車渡輪變身為色彩繽紛的多功能觀光船。擁有四艘觀光船的洋紫荊維港遊，每艘船可以載客350人，晚上的航程包括豐富的自助晚餐，現場樂隊伴奏，遊客可以邊用餐邊欣賞「幻彩詠香江」的表演。

❶色彩繽紛的觀光船 ❷豐富的自助晚餐是其一大特點 (以上圖片提供／香港小輪集團)

🌐 www.cruise.com.hk/tc

📞 +852 2802 2886

🕐 東方之珠17:45～19:15，幻彩詠香江19:30～21:30，北角東渡輪碼頭20:00～22:00

💲 東方之珠自助晚餐每人$330+10%服務費，幻彩詠香江自助晚餐每人$440+10%服務費

🕐 約2小時

🚢 由北角碼頭出發，途經：太古、筲箕灣、柴灣、鯉魚門、茶果嶺、啟德、紅磡、尖沙咀、灣仔、銅鑼灣、北角

像電影道具的張保仔號，非常受到歡迎

張保仔號AQUA LUNA

以傳統的中國紅為風帆的張保仔號，富有濃厚的中國色彩，搭上船，彷彿回到電影裡海盜猖獗的時代一般。遊客可以在甲板上享受海風徐徐的吹拂，也可以到船艙裡來一杯特調雞尾酒。搭乘19:30、19:45的航班，能欣賞幻彩詠香江的雷射燈光秀，搭乘18:30、18:45的航班則可欣賞夕陽西下的景致。

🌐 aqua.com.hk/flash/#/chSimp/global/hongKong/aquaLuna/concept

✉ 中環和尖沙咀的天星碼頭皆可上船

📞 +852 2116 8821(需10天前預約)

⛴ 維港探索之旅、維多利亞港晚間航遊、赤柱週末航遊

🕐 各行程皆不同，請先上網查詢

💲

維港探索之旅	維多利亞港晚間航遊	赤柱週末航遊
成人$120，兒童$90	17:30～18:30： 成人$195，兒童$155 18:30之後： 成人$275，兒童$220	單程： 成人$230，兒童$150 來回： 成人$350，兒童$210

鐘樓
前九廣鐵路火車站

✉ 香港九龍尖沙咀天星小輪碼頭

➡ 港鐵尖東站L6出口，沿梳士巴利道往鐘樓方向步行前往，約5分鐘；或從中環或灣仔，乘搭天星小輪前往尖沙咀，船程約10分鐘，下船後即達

🅼 P.115 / A7

於1915年矗立的尖沙咀鐘樓，已有百年歷史

　　尖沙咀天星碼頭旁的鐘樓，原是九廣鐵路舊尖沙咀火車站的一部分，曾經有無數中國內地難民搭乘九廣鐵路來到香港，有的在此展開新生活，有的則轉乘輪船前往海外發展。佇立於此的鐘樓，默默見證了這百年來香港歷史的變遷。

星光大道與幻彩詠香江
尋找偶像明星的手印足跡

🅷🆃🆃🅿 www.avenueofstars.com.hk

✉ 香港九龍尖沙咀梳士巴利花園南端的海濱長廊

➡ 港鐵尖東站J出口，依路牌指示前往，步行約3分鐘即可到達

🅼 P.115 / C7

　　如果你是在很短時間內要趕許多景點的人，可能無法理解為什麼星光大道可以入選香港10大景點之一，因為這裡適合閒晃，適合用悠哉的慢活心態體會。傍晚的時候漫步星光大道，可以邊欣賞維港的美麗景色和地上逾百個香港名人的手印和簽名，還能和李小龍一同拍照。夜幕一落，這裡是欣賞香港夜景的絕

佳位置，每晚8點「幻彩詠香江」的燈光秀，既燦爛又耀眼。

　　也許你不明白，但星光大道確實很受遊客歡迎，一路上不時可聽到遊客找到偶像手印的驚呼聲，看到他們臉上難掩興奮的表情就知道，他們深知這裡的迷人之處！

❶許多西方人都是為了李小龍而來 ❷「幻彩詠香江」的燈光秀 ❸星光大道，星光閃閃

盡情的放開去玩吧！

玩家交流

　　由於中午遊客眾多，Carrie建議可以早上一開門就進去，或等晚上人少時再前往。另外，最好有朋友同行，可以互相拍照或搞笑。

　　由於有許多3D布景需趴在地上或做出誇張動作，女生最好穿安全褲，避免曝光。所有場景旁，都有提供最佳POSE的效果圖，地上也會標明最佳拍攝點，開玩前，不妨先參考一下再拍照。當然最重要的還是要放開去玩，因為只有配合場景大演特演一番，看起來才會生動逼真喔！

香港3D奇幻世界
大人小孩都喜愛的3D體驗

http www.hk3dm.com.hk

✉ 香港九龍尖沙咀加連威老道96號希爾頓廣場1樓1及5號鋪

☎ +852 2721 9720

➡ 港鐵尖東站P2出口或尖沙咀站B2出口，步行8分鐘

🕐 每天10:00～22:00

💲 成人\$149，兒童（3～11歲）、長者（65歲或以上）\$100，另不時推出網上購票優惠

MAP P.115 / D4

　　受到自拍潮流影響，近年興起的3D藝術已經接近瘋狂的地步，香港當然也不落人後。室內有1萬平方英呎的香港3D奇幻世界，共分為「香港文化」、「中華文化」、「浪漫旅程」、「奇想天地」和「3D體驗主題」等5大區，展出超過70件3D作品。你可以

體驗一下萬刃穿心的痛苦，學蜘蛛人攀登中銀大廈，或在男廁裡偷吃肌肉男豆腐，相信只要夠投入，都會玩得樂不思蜀！

❶挑戰攀爬中環的地標之一中銀大廈 ❷不想搞笑，這樣效果也不錯喔 ❸1萬平方英呎的展場，有5大主題區 ❹恐龍來了！快逃（❶❷圖片提供／香港3D奇幻世界）

現代都會的
藝文之旅

散發濃厚的
人文藝術氣息

一般人說到尖沙咀，映入腦海的就是吃、喝、玩、樂，因為無論是餐廳種類或是商場數量，都屬香港第一。所以很難讓人相信，香港近8成的展覽館也分布於此。如果你是文人雅士，別忘了每週三的免費入場優惠，趁機來一趟港式的藝文之旅吧！

香港歷史博物館

深入了解香港的歷史

🌐 hk.history.museum
✉ 香港九龍尖沙咀漆咸道南100號
☎ +852 2724 9042
➡ 港鐵尖東站P2出口，沿漆咸道南方向尖沙咀東部方向，步行約10分鐘即可到達
🕙 週一、三、四、五10:00～18:00，週六、日及公眾假期10:00～19:00
休 週二(公眾假期除外)、農曆新年初一、初二
💲 成人$10，優惠票$5，團體票(20人或以上購票者)$7；逢週三免費入場(特殊展覽除外)
🗺 P.115 / D3

　　如果你喜歡逛博物館，那香港歷史博物館絕對值得你走一趟，除了不定期安排大型展覽外，常態展出的「香港故事」也讓人驚豔。裡面的香港民俗展區，遊客還可以登上一艘仿真大小的漁船，參觀早期漁民以船為家的生活和傳統鹽醃、日曬的漁獲的加工方式。

　　廣大的展場中央搭建了3座傳統建築物，首先是一整座仿製的鄧氏宗祠裡，裡面可看到傳統婚嫁儀式、元宵點燈習俗和圍村居民的節慶食物——盆菜，而外牆展示的七姐誕紙紮祭，做工十分細緻。相連的天后廟，是香港最常見的廟宇，裡外都展示了許多文物古蹟；仿真的農戶裡，則展示了當時的日常用品和農耕生活；最後方的戲台，除了台上粉墨登場的演員外，還可以清楚看到後台的戲服、道具與正在上妝的人，十分逼真有趣！

❹

❺

❼

❻

❽

❶四億年前的香港就是一片無人的地質岩區 ❷1:1的漁船，遊客可以登船體驗 ❸❼鄧氏宗祠裡，可看到圍村居民的傳統節慶食物—盆菜 ❹天后古廟裡外都展示了許多文物收藏 ❺後台上妝的演員和台上進行的神功戲，都十分逼真 ❻早期漁民的生活與漁獲加工方式 ❽太平清醮的紙紮神祇和包山

123

香港藝術館
古典與現代的精彩展覽

📶 hk.art.museum
✉ 香港九龍尖沙咀梳士巴利道10號
📞 +852 2721 0116
➡ 港鐵尖東站J出口，過太空館即是；或從天星碼頭沿海邊走，步行約3分鐘即可到達
🕐 週一～五10:00～18:00，週六、日及公眾假期10:00～19:00，聖誕及農曆新年除夕提前於下午17:00休館
休 週四(公眾假期除外)、農曆新年初一、初二
💲 成人$10，優惠票$5，團體票(20人或以上購票者)$7；逢週三免費入場(特殊展覽除外)
MAP P.115 / C7

尖沙咀沿海一帶藝術氣息濃厚，除了文化中心外，另外還有香港藝術館。擁有寬敞空間的藝術館，樓高4層，挑高的樓頂，讓觀賞者能自由自在、無拘無束的欣賞各項藝品。這裡擁有16,000多項藏品，除了中國書畫、文物外，也有來自世界各地的古典與現代藝術，1樓還有語音導覽可以租借，詳細解說各項展品。展出作品之豐富，可以輕易地花上你半天時間，逛累了，不妨找個地方休息一下，欣賞窗外維多利亞港的景色。

❶造型奇特的香港藝術館 ❷遊客可以進到場景拍照，既可愛又好玩(非固定展覽) ❸館內不時有精彩的專題展覽

精彩演出，連小朋友都聽得一愣一愣的

香港文化中心
造型獨特的表演空間

http www.lcsd.gov.hk/tc/hkcc
✉ 香港九龍尖沙咀梳士巴利道10號
☎ +852 2734 2009
➡ 港鐵尖東站L6出口(穿越行人地下道)；或搭天星小輪沿海邊走，步行約3分鐘即可到達
🕐 09:00～23:00，售票處為10:00～21:30
💲 免費
MAP P.115 / B7

　　位在尖沙咀天星碼頭旁，造型獨特的香港文化中心，內部設有音樂廳、大劇院、劇場、展覽館，是香港主要的文化表演場地，來自世界各地的著名藝術家，都曾經在這裡舉辦過各種不同型態的演出。除了平時節目外，每年年初的香港藝術節，更是一大重頭戲，群星雲集、種類眾多的各式演出，為藝術愛好者帶來驚喜不斷的視聽盛宴。

香港科學館
寓教於樂的互動館

http www.lcsd.gov.hk
✉ 九龍尖沙咀東部科學館道2號
☎ +852 2732 3232
➡ 從港鐵尖東站P2出口，步行約10分鐘。或是尖沙咀站B2出口，步行約18分鐘
🕐 週一～三、五10:00～19:00，週六、日及公眾假期10:00～21:00；聖誕及農曆新年除夕提前於17:00休館
休 週四(公眾假期除外)、農曆新年年初一及初二休館
💲 成人$25，優惠票$12.5，團體票$17.5(20人或以上購標準票者)；每逢週三免費入場(特殊展覽除外)
MAP P.115 / D3

　　位在香港歷史博物館對面的香港科學館，樓高4層，共有16個展區，館內有500多件展品，而且超過7成都屬於互動式，遊客可以透過親自操作，了解科學的奧妙。除了常設展覽，科學館還定期舉辦專題展覽，以推廣科新知，是一個非常適合親子同遊，寓教於樂的好地方，也是每年平均參觀人次最多的博物館。

K11購物藝術館
全球首個大型藝術商場

http www.k11.com
✉ 香港九龍尖沙咀河內道18號
☎ +852 2131 6935
➡ 港鐵尖沙咀站D2或N4出口,可直達商場
🕐 10:00~23:00
MAP P.115 / C5

K11為全球首個把藝術、人文、自然三大元素融合一起的大型商場。在K11,幾乎每個小角落裡,都可以看見充滿現代感的雕塑或畫作。購物,也成為一種藝術享受。

除了一般商品外,K11還有兩家主題商店,一是設計品牌專門店K11 Select,包含了個性時尚小店Matter Matters x Tangram、時尚設計生活用品的 The Corner by Zixag 及被譽為香港Colette的Kapok特設的獨家概念店kapok Tools。

另一個則是K11 Design Store,透過一件件獨具匠心的設計,引導大家走進設計師的心靈世界,一步一步探索他們的創作,並閱讀每一件設計背後的動人故事,可說是寓教於樂。

❶訴說故事的K11 Design Store ❷K11購物藝術館裡的藝術展示空間 ❸❹充滿品味的K11購物藝術館 (以上圖片提供╱K 11)

Tsim Sha Tsui • Jordan

The ONE

唯一全零售大型商場

http www.The-ONE.hk

✉ 香港九龍尖沙咀彌敦道100號

☎ +852 3106 3640

➜ 港鐵尖沙咀站B1出口，沿彌敦道直走，步行約5分鐘即可到達

🕐 10:00～23:00

MAP P.115 / B4

The ONE是香港唯一全為零售的大型商場，而這個唯一，就是The ONE名稱的由來。突破傳統，外牆採用了獨特的「Vertical Street」垂直向上室內設計概念，配合幾何圖形交織的外牆及燈光效果，讓The ONE充滿了時尚感。

除了一般的知名大廠外，還引進法國的軍靴品牌Palladium、日本潮流品牌JOURNAL STANDARD，還有全港首間高檔精品超市AEON MaxValu Prime，以及劉嘉玲所開設的餐廳「KYO-SHUN京旬」、「ZURRIOLA」和

「TAPAGRIA」。而17～21樓的「空中食府」，坐擁270度維港海景，讓顧客可以一邊欣賞維多利亞港的美景，一邊品嘗多國的美食佳餚。

❶京旬日式料理Kyo Shun ❷Multimetrics建築風格，以不同素材交織成幾何圖形的外牆 ❸家品概念店Homeless ❹西班牙餐廳TAPAGRIA，有迷人的夜景 (以上圖片提供／The ONE)

iSQUARE國際廣場
兼具吃、買、玩、樂等多重享受

🌐 www.isquare.hk
✉ 香港九龍尖沙咀彌敦道63號
📞 +852 3665 3333
➡ 港鐵尖沙咀站H或R出口,可直達商場
🕐 各商店時間不同,約11:00～22:00
MAP P.115 / B5

iSQUARE國際廣場匯集了各類型的商店、餐廳,讓你可以達到吃、買、玩、樂的多重享受。3～7樓,為多家日式及西式的休閒餐廳,23～31樓是格調高雅的時尚餐廳,讓你在享用中餐和世界各地美食之餘,還能觀賞維多利亞港的景色。另外有多家大型商店,包括唱片影音店HMV、英國百貨公司馬莎、生活雜貨店LOG-ON、足球主題的體育專門店Futbol Trend,相信將帶給你不同的生活體驗。

滿足多重享受的iSQUARE (圖片提供／iSQUARE)

柏麗購物大道
香港著名的購物長廊

✉ 九龍公園東側,海防道至柯士甸道間的彌敦道
➡ 港鐵尖沙咀站A1出口,步行約5分鐘即可到達
🕐 11:00～22:00
MAP P.115 / B3

柏麗購物大道總長約為300公尺,一字排開全是名牌專賣店,以香港本地精品與歐洲知名品牌

為主,不論是手錶、鞋子、包包、衣服,應有盡有,是香港著名的購物長廊。一到晚上,整條人行道樹上的燈飾全都亮了,一片絢爛的燈海,把夜晚的柏麗購物大道點綴得更加浪漫。

❶❷都是名牌專賣店的柏麗購物大道

美麗華商場

尖沙咀的「老字號」商場

http www.mira-mall.com/tc

✉ 香港九龍尖沙咀彌敦道132-134號

☎ +852 2730 5300

➡ 港鐵尖沙咀地鐵站B1出口，步行3分鐘即可到達

🕐 11:00～23:00

MAP P.115 / B3

擁有6層購物空間的美麗華，匯集了超過百種時尚品牌，包括agnés b.、A/X Armani Exchange、DKNY JEANS等，2005年UNIQLO進軍香港時，便是在此設立了第一家旗艦店。商場還與美食著名的「諾士佛台」相連，有各國風味的美食供選擇。

❶美麗華商場 ❷不時舉辦各類活動吸引顧客 ❸每有節慶，商場總布置得非常熱鬧

海港城

香港最大型的購物中心

http www.harbourcity.com.hk

📧 香港九龍尖沙咀廣東道3至27號

📞 +852 2118 8666

➡ 港鐵尖沙咀站A1出口,沿海防道步行5分鐘,或中環、灣仔搭乘天星小輪前往尖沙咀,下船後即達

🕐 10:00~22:00

MAP P.115 / A5

室內面積達20萬平方公尺的海港城,是香港最大型的購物中心,由港威商場、海洋中心、海運大廈3大商場所組成,有超過

450家商店、50家中西餐館、3間高級酒店及2家電影院,可說是無與倫比的一站式休閒娛樂場所。

如果要血拼,記得兒童用品、年輕人服飾及美容用品往海運大廈前進;最新電器、數位產品集中在海洋中心3樓;想買國際名牌服飾,那就不要錯過有名店街之稱的廣東道。

除了買東西,當然還有吃東西!這裡的許多餐廳都擁有無敵海景,即使連肯德基都可以看到維多利亞港喔!

❶超大的海港城,常讓遊客迷路 ❷FACES裡有許多台灣沒有的化妝品牌 ❸採光非常好的畫廊,一直延伸到外面平台 ❹得天獨厚的地理位置,窗外就是維多利亞港(❶❷圖片提供/海港城)

圓方商場
ELEMENTS
結合藝術的貴婦商場

📧 www.elementshk.com
✉ 香港九龍柯士甸道西1號
📞 +852 2735 5234
➡ 港鐵九龍站B出口
🕐 圓方商場24小時開放，商店約10:00～22:00
🗺 P.115 / A1

　　有貴婦商場之稱的圓方商場ELEMENTS，以金、木、水、火、土五行為主題，將空間劃分成5大區域，分別以雲、微足之路、韻、熾熱之火和九龍之子等藝術品為其代表。挑高、開闊的購物空間，裡面全是國際頂級品牌，幾乎每家店面都像旗艦店般，可說達奢華之極致。

　　全球首間「超體感」電影院The Grand Cinema、全港最大的有機&天然食品店ThreeSixty和首間開放式溜冰場The Rink，有些品牌如Bals Tokyo、Mulberry更是首次在香港開設專門店，是間非常有特色的購物中心！

❶地鐵一出來就是到圓方商場的手扶梯❷❻香港的百貨公司流行異業合作，不時可以看到可愛的裝飾❸❹幾乎各大名牌都包括了 ❺預算有限？那就到Three Sixty美食街廣場

廣東道上的名店多不勝數

廣東道
頂級名店購物街

✉ 香港九龍尖沙咀廣東道
➡ 港鐵尖沙咀站A1出口,沿海防道直走到底即可到達
MAP P.115 / A4

　　由於免稅,香港可說是購買奢侈品的天堂,而廣東道就是通往天堂的路,這裡聚集了世界頂級名牌,包括CHANEL、PRADA、DOLCE & GABBANA、COACH、GUCCI……等,這裡的LV旗艦店,是繼巴黎香榭大道總店之後,全球第二大旗艦店,所以這裡也有香港的「香榭大道」之稱。喜歡名牌的朋友,千萬不要錯過廣東道!

加連威老道
年輕人最愛的潮流一條街

✉ 香港九龍尖沙咀加連威老道
➡ 港鐵尖沙咀站B1出口,往佐敦方向,步行約3分鐘即可到達
MAP P.115 / C4

　　加連威老道是一條深受年輕人喜愛的街道,因靠近香港理工大學,所以吸引不少學生前來淘便宜又時尚的服飾,這裡的特色是價格便宜、款式多。由於香港租金高得驚人,一些設計師會在租金較低的2樓開店,所以2樓店也是加連威老道的另一特色,遊客可以在此找到較有設計感的貨品。

❶學生喜歡的小吃、飲料也往這邊靠攏
❷加連威老道是一條非常有特色的街道

新港中心
全港明星品牌集中地

http www.silvercord.hk/tch
✉ 香港九龍尖沙咀廣東道30號
📞 +852 2735 9208
➡ 港鐵尖沙咀站A出口，沿海防道方向步行前往，步行約3分鐘即可到達
🕐 10:00〜22:00
MAP P.115 / A5

以潮流服飾為主的新港中心，匯集了多國的人氣品牌，其中包括眾多港台明星開設的服飾店，有「五月天」阿信的STAYREAL、羅志祥的STAGE及代言的Manhattan Portage、

香港歌手古巨基開設的A Big Company和其引進的神級地下品牌AMENPAPA，酷愛明星品牌的粉絲們可不能錯過！逛累了，享負盛名的日本拉麵「一風堂」、台灣的著名食府「鼎泰豐」、精緻港式點心「名爵宴會廳」、新派法國菜「老富昌法國餐廳」，都可慰勞你疲憊的身心！

❶讓你一次享盡眾多美味的大食代(圖片提供／新港中心) ❷享譽全球的法國奢華時尚精品名牌Longchamp

━━━━━━━━━━━━━━━━━━━━

龍城大藥房
人潮不斷的平價老藥房

✉ 香港九龍尖沙咀加連威老道28號
📞 +852 2367-9274
➡ 港鐵尖沙咀站B2出口，沿彌敦道走到加連威老道右轉，大約5分鐘
🕐 10:30〜22:00
MAP P.115 / C4

以便宜聞名的龍城大藥房，外表看起來就像一間老舊的香港藥鋪，商品陳列挺普通，加上人潮絡繹不絕，購物環境其實並不算優。尤其近年來因各媒體的報導，知名度大增後，價差似乎也不如以往的大。有興趣前往的朋

廣受觀光客歡迎的龍城大藥房

友，請記得準備好現金，因為龍城大藥房可是不提供刷卡喔！

DELI AND WINE
極具歐式現代感的用餐空間

http www.maxconcepts.com.hk

✉ 香港尖沙咀梳士巴利道10號香港文化中心餐廳大樓地下

☎ +852 2721 9866

➡ 港鐵尖東站L6出口，穿越行人地下道，上來即可看到港文化中心；或搭天星小輪沿海邊走，步行約3分鐘即可到達

🕐 週一～六08:30～22:00，週日、公眾假期09:30～22:00

💲 平均消費$51～$100

MAP P.115 / B7

DELI AND WINE是美心集團Max Concept旗下的成員。第一次來時，很驚訝香港的平價餐廳可以有這麼好的用餐環境。4個用餐空間都很大，每一區設計皆不同，非常有特色。這裡不但沒有一般香港餐廳的擁擠，也沒有虎視眈眈要你趕快離座的客人或工作人員。開放式的廚房，可以看到大伙忙碌的煮麵、做咖啡。即點即做的餐飲，非常可口。早餐只要20幾元，大部分的餐點也約50元上下，如果是單點餐，還可以用優惠價加購一杯咖啡，是一個歇腳、止飢的好地方，值得推薦給大家！

漢堡餐搭的是Carrie喜歡的角薯

❶ 這裡有不同用餐區，裝潢各有特色 ❷ Daily Set除了一盤叉燒麵外，還有一片土司和滑嫩的蛋，附帶一杯咖啡或奶茶 ❸ 鮮蘆筍煙肉忌廉汁扁意粉味道很好，香味夠又不至於太膩 ❹ 餐廳擺放了很多外文書，可以坐下來，慢慢閱讀

galley café & dining
英式古蹟裡的歐風露天雅座

http www.galley.com.hk
✉ 香港尖沙咀廣東道2號A 1881 Heritage 2樓
　208號鋪
📞 +852 2604 1881
➡ 港鐵尖沙咀站L6出口
🕐 週日～四11:00～00:00，週五、六11:00～
　01:00
💲 平均消費$101～$200
MAP P.115 / B6

　即使外面的遊客紛紛擾擾，galley café & dining卻擁有自己的一份寧靜。無論是店內、店外都散發著一股雅致的美。1881古蹟平台上的露天雅座讓人有如置身歐洲一般，半圓形的玻璃帷幕，讓餐廳採光好、視野佳，顧客可以一邊享用佳餚，一邊欣賞尖沙咀街景。包含前菜、主菜和飲料的午間套餐，介於100～200元之間，餐點和服務都可圈可點，是適合好友見面閒聊的好地方。

❶裝潢簡單雅致，充滿文藝氣質 ❷薄式Pizza也很美味 ❸即使配餐的沙拉，分量也不小 ❹鮭魚義大利麵，魚身夠厚，搭配蕎麥麵，創意十足 ❺半圓形的玻璃帷幕，採光好、視野佳

135

澳洲牛奶公司
超人氣的炒蛋多士和燉奶

✉ 香港佐敦白加士街47-49號地下
☎ +852 2730 1356
➡ 港鐵佐敦站C1出口
🕐 週一～三、五～日07:30～23:00
休 週四
💲 平均消費$50以下
MAP P.115 / B1

以炒蛋多士和燉奶聞名的澳洲牛奶公司，每天都有長長的人龍等在門口，這裡就如同香港的節奏一樣以快速見長，也許就是因為太快了，讓許多旅客覺得談不上有什麼服務。其實，如果不是繁忙時間來，這些大哥還是很有人情味的。

❶滑嫩的燉奶，熱食偏甜，冷食較佳 ❷偏油的炒蛋多士，蛋體柔軟、多士香酥

麥文記麵家
老字號粉麵小店

✉ 香港佐敦白加士街51號地下
☎ +852 2736-5561
➡ 港鐵佐敦站C1出口
🕐 12:00～00:30
💲 平均消費$50以下
MAP P.115 / B1

以南乳豬手跟蝦仁雲吞聞名的麥文記，和隔壁的澳洲牛奶公司一樣都是排隊名店，好處是來

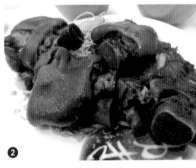

一次可以嘗到兩家風味。這裡聞名的蝦仁雲吞，雖不至於像兵乓球般大，但內餡蝦肉不少，味道也不錯。南乳豬手吃起來有淡淡的腐乳味，滷得十分綿密，一入口，即滿嘴黏呼呼的膠原蛋白，但相較之下，我更習慣台灣滷豬腳的濃香。

❶從門口就可以看到隔壁澳牛的人龍 ❷分量超多的南乳豬手撈麵

　　雖然地址是加拿分道，但它的正確位置其實是在河內道，K11商場對面，所以沿著加拿分道走，碰到河內道時轉進去就會看到。這裡的3層午茶2人份High Tea大約200元，但Carrie覺得單點的甜點比較優。

Fullhouse Signature
少女般的童話世界

http www.fullhouseworld.com/hk

✉ 香港尖沙咀加拿分道25-31號國際商業信貸銀行大廈地下1A鋪

☎ +852 2369 2813

➡ 港鐵尖東站N4出口，步行約3分鐘即可到達

🕐 週一～日12:00～23:00

💲 平均消費$41～$100

MAP P.115 / C4

　　只要經過Fullhouse Signature，馬上就會被店門口的可愛汽車和人偶給吸引住。這間以「家」為主題的連鎖餐廳來自吉隆坡，從08年成立至今，已經在馬來西亞和新加坡開立了10多間的分店。整個餐廳用了明亮的白色家具和擺設，給人一種潔淨、優雅和舒適的感受。華麗的水晶吊燈，閃閃發亮的沙發，小巧精緻的擺設，加上處處都有可愛人偶，彷彿置身童話世界一般。

❶用餐環境潔淨、優雅 ❷兩人的3層午茶不到200元 ❸牆面上是Fullhouse 的代表人物Thomas一家 ❹像童話世界的Fullhouse Signature

137

天空龍吟
亞洲50最佳餐廳之一

🌐 www.ryugin.com.hk
✉ 香港尖沙咀柯士甸道西1號環球貿易廣場101樓
📞 +852 2302 0222
➡ 港鐵九龍站B出口
🕐 週一～六18:00～21:30，週日12:00～15:00、18:00～21:30（採預約制）
💲 平均消費$800以上
🗺 P.115 / A1

天空龍吟是日本米其林三星餐廳「龍吟」的首間海外分店，充滿藝術氣質的主廚山本征治，憑著天馬行空的創意與鬼斧神工的技巧，讓獨樹一格的日本料理文化席捲全球。2012年開幕的天空龍吟，已連續兩年獲香港和澳門米其林二星的榮譽，2014年還獲選有飲食界奧斯卡之稱的「世界50最佳餐廳」，更因短時間內做出好成績、潛力高，而獲評審頒發「最值得關注餐廳獎」。

❶❸❹在天空龍吟不僅是用餐，更是進行一場藝術饗宴 ❷可以俯視維多利亞港的「天空龍吟」（以上圖片提供／天空龍吟）

帝苑餅店
連續數年蟬聯最佳熱店

[http] www.rghk.com.hk
[⊠] 香港尖沙咀麼地道69號帝苑酒店大堂
[☎] +852 2733 2045
[➡] 港鐵尖東站P2出口
[🕐] 週一～日11:00～21:00
[$] 平均消費$50以下
[MAP] P.115 / D4

以拿破崙和Green Apple Cheese Cake暢銷的帝苑餅店，是帝苑酒店附設的甜點鋪。喜歡吃拿破崙的Carrie，對其要求會比較高些，包括酥脆度持不持久、奶油味香不香濃、搭配的內餡味道和口感等等。帝苑餅店的拿破崙果然沒讓人失望，即使外帶隔天再吃，層層的酥皮還是一樣鬆脆可口，完全沒因受潮變軟而影響口感。

青蘋果造型的Green Apple Cheese Cake，利用起司慕絲和青蘋果凍做成的內餡，平衡了白巧克力外殼的甜膩，可愛的造型深受女生歡迎。讓人驚豔的Rose Macaroon，玫瑰味道明顯，覆盆子的酸味讓甜度高的馬卡龍吃起來一點也不膩，是Carrie的最愛。

❶帝苑餅店經典中的經典——拿破崙，好吃到停不了口 ❷典雅的法式裝修，營造寫意自在的氣氛

旅 行 小 抄

持會員卡享有優惠
有帝苑會員卡可享85折優惠，沒有的朋友，可在網上訂蛋糕時順道申請，會員卡還可以用於帝苑酒店其他餐廳。

青蘋果造型的Green Apple Cheese Cake，很受女生歡迎

田舍家
日本道地的爐端燒

🌐 www.jcgroup.hk/restaurants/inakaya
✉️ 香港尖沙咀柯士甸道西1號環球貿易廣場101樓
📞 +852 2972 2666
➡️ 港鐵九龍站B出口
🕐 爐端燒：18:00～23:00，鐵板燒/壽司吧/和
食料理/懷石料理：週一～四11:30～14:30、
18:00～22:30，週五、六、假期前夕11:30～
14:30、18:00～23:00
💲 平均消費午餐約$450，晚餐約$1,500
🗺 P.115 / A1

　　享譽全球的東京食府Inakaya
田舍家，是一間綜合了鐵板燒、
壽司吧、酒吧和懷石料理的複合
式餐廳，其中最著名的就是爐端
燒。U形的桌面上放著每天空運
抵港的頂級食材，穿上傳統服裝
的廚師，會在客人面前燒烤，然
後放在長長的木槳上遞給客人，
這就是所謂的爐端燒。由於地理

美麗如畫的懷石料理

位置優越，可以居高臨下欣賞整
個維港風景，所以即使來喝個小
酒，也很值得！田舍家的爐端燒
常是一位難求，所以有興趣的朋
友，別忘了提早訂位喔！

❶日籍爐端燒師傅，會將食物放在木槳上
遞給客人 ❷❸壽司也十分新鮮、可口（以
上圖片提供／田舍家）

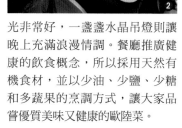

Munch
採用天然有機食材烹調

http www.munch.com.hk/chi
✉ 香港尖沙咀諾士佛臺1號1樓
☎ +852 2317 7887
➡ 港鐵尖沙咀地鐵站B1出口,步行約3分鐘即可到達
🕐 週一~五12:00~15:00、18:00~23:30,週六~日、假日12:00~16:00、18:00~23:30
💲 平均消費$201~$400
MAP P.115 / C3

Munch就在美麗華商場旁,交通十分方便。餐廳內部舒適而溫馨,大面的玻璃設計,讓白天採

光非常好,一盞盞水晶吊燈則讓晚上充滿浪漫情調。餐廳推廣健康的飲食概念,所以採用天然有機食材,並以少油、少鹽、少糖和多蔬果的烹調方式,讓大家品嘗優質美味又健康的歐陸菜。

❶雜莓拿破崙配朱古力雪糕,是女士們的最愛 ❷天花板是浪漫派畫家雷諾瓦的畫作(以上圖片提供/Munch)

Dada Bar + Lounge
向轟動世界的達達藝術致敬

http www.dadalounge.com.hk
✉ 香港尖沙咀金巴利道39號帝樂文娜公館2樓
☎ +852 3763 8778
➡ 港鐵尖沙咀站B2出口
🕐 週日~四14:30~01:00,週五、六14:30~02:00
💲 平均消費$201~$400
MAP P.115 / C3

達達運動源自於第一次世界大戰時,畫家們因不滿大戰的殘忍,所共同創造的一種反戰、反傳統思

維的藝術運動。如同達達藝術的原創精神,Dada Bar + Lounge也希望透過精緻餐飲體驗、醉人的爵士樂和視覺藝術等途徑,為賓客帶來不同於以往的感官享受。每逢週五、六晚上有Live Band演出,創新的雞尾酒、美妙的爵士樂,顛覆你的傳統思維。

❶色彩絢麗的Dada Bar + Lounge,讓人有不同於以往的感官享受 ❷創新的雞尾酒,讓味蕾嘗試到前所未有的刺激 (以上圖片提供/Dada Bar + Lounge)

香港最優雅的英式下午茶

半島酒店
享受精緻午茶的優雅時光

- http hongkong.peninsula.com/zh/fine-dining/the-lobby-afternoon-tea
- ✉ 香港尖沙咀彌敦道19-21號 半島酒店大廳
- ☎ +852 2696 6772
- ➡ 港鐵尖東站L3和L4出口皆可
- 🕐 午茶14:00～18:00
- 💲 平均消費$201～$400
- MAP P.115 / B6

　　香港半島酒店是全球10大酒店之一，備受讚賞的下午茶更是深受台灣朋友喜愛，許多人甚至把這裡排為必去的行程之一。大堂裡豪華氣派的高柱和鍍金花紋，全由歐洲工匠根據原來的圖紙和藍本重塑出來，成為1928年開業以來的經典代表。每天現場都有弦樂演奏，搭配上道地的英式和東南亞點心，是香港最優雅的午茶地點之一。

❶❷❸圖片提供／半島酒店

邊眺望海景邊品嘗點心

經過英國殖民的香港，下午茶已經成為人們日常生活的一部分，所以到香港旅遊，千萬不能錯過品嘗正統High Tea的機會喔！

洲際酒店
眺望無敵海景的貴婦級午茶

🌐 www.intercontinental.com
✉ 香港尖沙咀梳士巴利道18號
📞 +852 2313 2323
➡ 港鐵尖東站J出口
🕐 午茶14:00～18:00
💲 平均消費$201～$400
MAP P.115 / C7

❶❷圖片提供／洲際酒店

　　香港貴婦級的下午茶很多，每家各有不同，而洲際酒店最大的特色就是擁有維多利亞港的無敵海景。這裡的下午茶共有4種選擇，中、西各2種。其中中式由得到米其林的欣圖軒所提供，不過個人覺得西式的比較好吃！

Mango Tree
高檔的創意泰式下午茶

🌐 www.thechairmangroup.com
✉ 香港尖沙咀柯士甸道西1號圓方商場
　　(ELEMENTS)2樓2032號鋪
📞 +852 2668 4884
➡ 港鐵九龍站B出口
🕐 11:30～23:00
💲 平均消費$201～$400
MAP P.115 / A1

　　如果覺得傳統的英式下午茶了無新意，那Carrie會推薦開遍全球的高檔泰式名店Mango Tree。位於圓方商場的Mango Tree，除了坐擁西九龍無敵大海景外，還推出了泰式High Tea，一樣由甜鹹口味組成的三層點心，分Delight High Tea Set和Deluxe High Tea Set二種，除泰式招牌料理外，還搭配上一杯現做的雞尾酒或水果冰沙。坐在窗邊一邊品嘗泰式美點，一邊欣賞美麗的夕陽，不失為犒賞自己的好方法。

❶甜點為芒果糯米飯或芒果芝士蛋糕、椰汁西米糕、泰式斑蘭千層糕 ❷充滿泰式風格的Mango Tree

143

（圖片提供／Design Port）

太子、深水埗

油麻地、旺角、

Yau Ma Tei・Mong Kok・Prince Edward・Sham Shui Po

概 況 導 覽

油麻地有廟街夜市、玉器市場、上海街，是香港最能感受到市井小民生活的地方，也是港劇和電影的熱門取景地。人山人海、車水馬龍的旺角，則是香港人氣最旺的地區，有女人街、波鞋街等主題街道，還有各式各樣價格親民的娛樂場所，因此總能吸引年輕人流連忘返。太子為旺角的延伸，除了金魚街、花墟、雀鳥花園等特色街道外，平價的港式餐廳更是其一大特色。深水埗為香港的傳統舊區，處處是舊式唐樓和公屋，為香港人口密度最高、平均收入最低的地方，也因此衍生出許多平價美食。區內的時裝批發街長沙灣道，各式時尚新裝，價格便宜，值得前去淘寶一番。

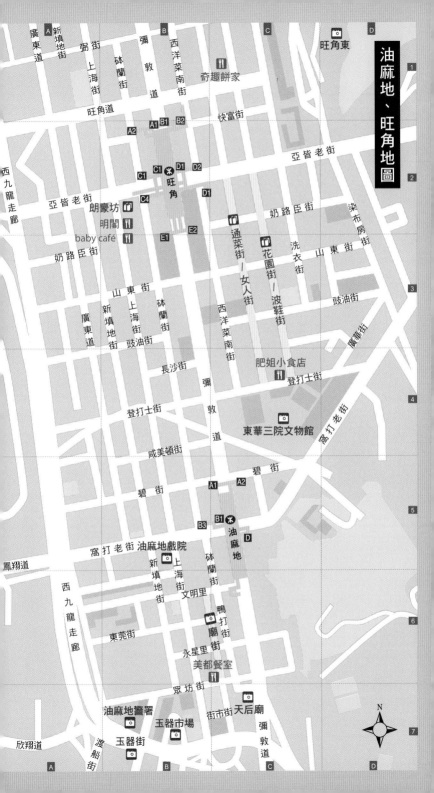

太子、深水埗地圖

園圃街雀鳥花園
市井小民消磨的好去處

✉ 香港九龍太子道西(入口處於界限街及園圃街)

➡ 港鐵太子站B1出口,沿太子道西向旺角大球場方向,步行約15分鐘即可到達

MAP P.146 / D6

許多人在安排行程時,都會猶豫到底要不要到雀鳥花園、花墟道和金魚街?其實對遊客來說,你也許不可能買鳥、買魚或花,但卻可以去體會道地的香港人生

❶

活,超過70家鳥店的雀鳥花園,放眼望去盡是大小鳥籠,四處充滿鳥叫聲,許多人也會拎著自家的鳥籠來此以鳥會友,是當地居民話家常的好地方。

❶大大小小的鳥都有 ❷當地居民休憩的好地方

花墟
爭奇鬥豔的綠葉紅花

✉ 香港九龍太子花墟

➡ 港鐵太子站B1出口,沿太子道西向東走或旺角東站C出口,沿人行天橋的方向

MAP P.146 / C6

如果你喜歡園藝或花花草草,那你也會喜歡花墟,這裡有來自世界各地的鮮花與盆栽,是香港重要的花卉批發地。若是大清早或黃昏時分來,會看到進口鮮花正紛紛運到。每逢節日,到處都是前來買花的民眾,人潮與花海,讓花墟熱鬧非凡。

❶配合各式節慶,推出不同切花 ❷有盆花、切花,連食蟲草都有

通菜街（金魚街）
宛如水族館般繽紛多彩

✉ 香港九龍旺角通菜街
➡ 港鐵太子站B2出口，沿太子道西向東走或是旺角東站C出口，沿人天橋往洗衣街再沿指示牌走
MAP P.146 / B6

❷

非常相信風水的香港人，喜歡放一缸金魚在屋內，因為金魚長相富貴、色彩奪目，可以帶來好

兆頭。走在通菜街上，一袋袋寫著價錢的塑膠袋，整整齊齊地掛在店門口的鐵架上，袋裡裝著一條條的金魚，供客人選購。店內則宛如水族館般，充滿各式各樣的魚類，繽紛燦爛！

❶ 非常受民眾歡迎的金魚街 ❷ 袋上清楚標示了魚的種類，可以趁機認識一下

雷生春
建築古樸的歷史大宅

http scm.hkbu.edu.hk
✉ 香港九龍旺角荔枝角道119號
☎ +852 3411 0628
➡ 港鐵太子站C2出口，沿太子道西轉入荔枝角道，再往前走即可到達
MAP P.146 / A5

落成於1931年的雷生春，是雷亮先生移居香港時，聘請建築師布爾設計、興建。這幢充滿古樸風格的4層高建築，位於荔枝角道和塘尾道交叉口的三角窗位置，最大特色是有筆直而寬廣的騎樓（一般傳統的香港房屋並無騎樓設計）。這裡的1樓曾是「雷生春」

❷

跌打藥鋪，樓上則是住所，可以看出早期「下鋪上居」的生活方式。

目前為中醫診所的雷生春，1樓的涼茶館和展示區，免費開放參觀，2～4樓的診間則提供了免費的導覽服務，但需線上預約才能參觀。

❶ 診所附設的涼茶鋪 ❷ 建築風格特殊的雷生春

玉器市場

外國觀光客最愛的勝地

- ✉ 玉器市場：香港九龍油麻地甘肅街及炮台街交界；玉器街：香港九龍油麻地甘肅街與佐敦道間的廣東道
- ➡ 港鐵油麻地站C出口，沿彌敦道步行前往甘肅街。再沿甘肅街步行往玉器市場或廣東道(玉器街)，步行約10～15分鐘即可到達
- MAP P.145 / B7

　　溫潤光滑的玉石不但是健康和長壽的象徵，據說還能防災擋難，因此受到許多人的喜愛。超過400多個攤位的玉器市場，東西之多讓人眼花撩亂，不過玉器價格差異極大，如果不是很有識貨能力的話，Carrie建議還是逛逛就好。

門面雖小，商場卻別有洞天

油麻地警署

最古色古香的警察局

- ✉ 香港九龍油麻地廣東道627號
- ➡ 港鐵油麻地站C出口，沿彌敦道往永星里前進至眾坊，轉廣東道口向左轉即可到達
- MAP P.145 / B7

　　位於廣東道的油麻地警署，是九龍區最古老的警署之一，其古色古香的西式建築風格，常吸引不少攝影愛好者到此拍照。警署主要分3層，以圓弧開放式支撐物為特色，入口由於涉及風水，因此呈鋸齒狀設計。

因風水而設計成鋸齒狀的油麻地警署

美荷樓
懷舊主題的青年旅舍

http www.meihohouse.hk

✉ 香港九龍深水埗石硤尾邨41座

☏ +852 3728 3500

➡ 港鐵深水埗站B2出口，或石硤尾站C出口，步行約8~10分鐘

🕐 旅館接待處為24小時，一般住宿時間15:00入住，11:00退房。美荷樓生活館：週二~日09:30~17:00(平安夜及農曆新年除夕15:00閉館)，呼吸冰室07:00~23:00，呼吸士多12:00~22:00

🚫 週一(公眾假期除外)、農曆年初一至初三

MAP P.146 / C1

建於1954年的美荷樓，前身是安置石硤尾大火災民的公屋，為香港僅存的H形徙置大廈，透過政府的活化計畫成為美荷樓青年旅舍。6層樓高的旅舍共有129間房，這裡採「半自助」的入住模式，退房時需自行把被套拿回大堂。除了住宿服務外，1樓的「美荷樓生活館」仿造了當時災民生活的情景，有浴室、洗手間、雜貨店及居住單位，超過1,200件藏品、40多段口述歷史，最意外的是居然看到大導演吳宇森分享的經歷，原來他也曾是露宿街頭，等待入住公屋的災民！

1樓還有以懷舊為主題的「呼吸冰室」和「呼吸士多」。每區裝潢不同的呼吸冰室，有的像早期的冰果室，有的像復古咖啡廳，走進去，彷彿置身電影場景一般，讓人拍不停手！

對面的「呼吸士多」是家懷舊雜貨店，不只布置像，連賣的東西也很古趣，非常推薦大家來買有香港特色的伴手禮。除此之外，這裡有代寄服務，只要6元，便可享受到這個服務，還包括了一張美荷樓的特製郵票喔！

❶活化前後的美荷樓(圖片提供／美荷樓) ❷你也可以入鏡到當時的災民照片中 ❸展場環境也非常有趣 ❹❻各區皆有特色，找一個喜歡的地方坐吧 ❺❼呼吸士多，一邊是港式的懷舊雜貨店，一邊則較有英國風

知 識 充 電 站

香港插畫家Angryangry

很喜歡Angryangry的畫作，因為他和Carrie一樣喜歡老房子和老區，從他簡單、清新的風格中，可以看到逐漸消失的舊區、舊事、舊物。雖然只是以線條輕鬆勾畫，但跳脫傳統比例與透視的畫法，又帶了幾許幽默於其中，非常有趣。美荷樓的呼吸冰室有多幅他的真跡，而呼吸士多裡則有數種以他的畫作製成的紀念品，其中以「香港環島大圖繪」最為推薦，香港大大小小的知名景點，透過Angryangry的畫筆，變身為一大面景點地圖，很值得買來當作遊港的紀念。

賽馬會創意藝術中心
懷舊工廠裡的藝術天地

- http jccac.org.hk
- ✉ 香港九龍石硤尾白田街30號
- ☎ +852 2353 1311
- ➡ 港鐵深水埗站B2出口,或石硤尾站C出口,步行約8~10分鐘即可到達
- ⏱ 各商鋪和工作室皆不同,請先上網查詢
- 休 農曆新年假期
- MAP P.146 / D1

如果元創方是一個商業性的設計師,那賽馬會創意藝術中心(JCCAC)就是很有個性的藝術家。這幢曾在60、70年代充滿家庭式輕工業的石硤尾工廠大廈,如今搖身一變成為藝術中心,政府以低廉的租金,提供不同型態的藝術家和團體來此創作,藉以支持香港文化藝術的發展。建築裡保留了許多當時的特色,角落裡的老舊機器、已經斑駁的工廠名稱,都讓人彷彿穿越了時空一般。

除了眾多工作室外,裡面還有茶藝館、咖啡室、創意商店、小型展覽空間、劇場和展覽廳。不但會定期舉辦手工市集、展覽和各式課程,還有導覽團帶你認識這裡的歷史!有機會,不妨來發掘和感受這股藝術創意的氛圍。

❶❺以針織產品為主的BYYB,除了自己設計生產的針織玩偶、服飾外,也有針織機的教學課程 ❷每年12月的「JCCAC 藝術節」 ❸四處都充滿塗鴉 ❹牆面上斑駁的公司名稱,是早期廠家商號

光影作坊

- http www.lumenvisum.org
- 賽馬會創意藝術中心L2-010
- +852 3177 9159
- 週二〜日11:00〜18:00
- 休 週一
- MAP P.146 / D1

香港唯一以攝影為主，結合了教育、交流、推廣和資源匯集的地方，這裡不只是影像工作室，也是展覽空間，每隔一個半月便會換一個新的攝影展，並舉辦研討會讓市民與攝影師互相交流。

❶不時舉辦各類展覽 ❷以照片和相機裝飾櫥窗

逼真的模型，讓人對香港的市井生活更加了解（圖片提供／住好D街頭文化館）

住好D街頭文化館

- 賽馬會創意藝術中心L2-09
- +852 2544 5615
- 週一〜五14:00〜18:00
- 休 週六〜日、公眾假期
- MAP P.146 / D1

住好D街頭文化館收藏數以千計昔日舊物，包括鐵皮信箱、上海理髮店座椅、戲院磅重機、中藥店的百子櫃、興記茶餐廳收銀檯等，除此之外，館內還有許多逼真的模型，例如大牌檔、唐樓、舊式鞋鋪、舊式酒樓等，手工都十分細緻，值得一訪。

153

自得窰工作室

🌐 www.i-kiln.org.hk
✉️ 賽馬會創意藝術中心L3-03
📞 +852 9778-0300
🕐 開放時間不定,請先去電詢問
🗺️ P.146 / D1

以教授陶藝製作為主,並不時舉辦工作坊讓更多人認識陶藝。取名自得窰,希望每個陶藝愛好者來此,也能創作得輕鬆自在。

❶ 工作室裡可以看到有人正在做陶藝 ❷ 由許多陶藝組成的藝術品 ❸ 門口擺放著龍應台女士寫下的話,讓人很有感觸

文博軒茶館

🌐 www.hkhth.com
✉️ 賽馬會創意藝術中心1樓6室
📞 +852 2779 1030
🕐 週一～日10:00～20:00
💲 平均消費$50以下
🗺️ P.146 / D1

位在賽馬會創意藝術中心的文博軒茶館,以提供品茗為主,也常舉辦茶班,教授茶葉相關知識。中午的套餐,為不同口味的水餃麵搭上一杯茶,即使再加

上一款甜點,也50元有找。水餃是自家包的,以薑汁芥蘭較受歡迎,加上香港特有的蝦仔麵,十分清淡健康。由於是茶館,給的茶絕不是一般茶包等級,不論是花茶、綠茶,還是普洱都有一定水準。自製的甜點凍,清涼好吃,是消暑聖品。

❶ 環境十分寬敞舒適,伴隨著國樂的旋律,讓煩燥的心也沉澱下來 ❷ 出名的水餃麵,有難得的蝦仔寬麵供選擇,套餐還附一杯茶

廟街以美食著名，馬路兩旁的大牌檔(路邊攤)，除了煲仔飯外，還有食神的「拿渣麵」(雜碎麵)了。不過由於廟街附近出入較為複雜，所以來這裡要特別留意隨身財物。還有路邊攤的衛生條件不是太優，一些海鮮攤也容易有價格高、分量少的情況產生，重點是還有可能鬧肚子，所以Carrie建議走走看看就好。

天后廟與廟街
百年歷史古蹟

- 🌐 油麻地天后廟www.ctc.org.hk/b5/ indirectcontrol/temple10.asp
- ✉ 香港九龍油麻地廟街
- ☎ +852 2385 0759、+852 2332 9240
- ➡ 港鐵油麻地站C出口，沿文明里步行即可到達廟街。廟街的尾端即是天后廟
- 🗺 P.145 / C7、B6

　　早期為漁村的香港，居民多以捕魚為生，因此以供奉有海上守護神之稱的天后娘娘林默娘為主。即使在今日，多數香港居民已不再出海捕魚，有百年歷史的油麻地天后廟仍然香火鼎盛。廟門口的一對石獅，製於清同治四年(1865年)，廟內的銅鐘則是光緒十四年(1888年)鑄造，處處都充滿了歷史痕跡。

　　和台灣一樣，香港的廟宇附近也是居民和攤販聚集的地方，因位在天后廟旁邊而得名的廟街，還保留了早期老香港的懷舊風味，所以成為許多電影導演最愛的拍攝場地，包括《新不了情》、《食神》、《廟街十二少》、《廟街故事》等都曾在這裡取景。有點像台灣夜市的廟街，一到傍晚時分，數百個攤子便開始忙碌起來，人潮也漸漸湧入，原來安靜的小街，一下子變得人聲鼎沸。這裡賣的大都是男性用品，所以又被稱為「男人街」。此外，還有許多粵曲迷聚集廟街作即興演出，也有歌手演唱東西方流行歌曲，吃的玩的包羅萬象，因而有「平民夜總會」的稱號。

❶有許多西方遊客前來參觀 ❷有許多小吃店 ❸百年歷史的廟宇，香火鼎盛

155

逛街購物 *Shopping*

MaiArt
藝術家的發表創作地

🌐 賣藝 www.maiart.hk，林皮 www.lampei.com

✉ 香港九龍石硤尾白田街30號賽馬會創意藝術中心L5-11

📞 +852 2602 5718

➡ 港鐵深水埗站B2出口，或石硤尾站C出口，步行約8～10分鐘即可到達

🕐 週一～五14:00～18:00

🅼 P.146 / D1

　　由香港知名插畫家林皮和夥伴Alan Chie一同創立的MaiArt，免費提供藝術家發表的平台。顧客只要上賣藝的網站，選擇喜歡的作品和想做成的東西後，賣藝便會將它變成獨一無二的個人化商品，並且將1/3的產品利潤與藝術家分享，鼓勵他們能繼續創作下去。

　　插畫家林皮原名林沛，因創作了「Flying Sofye女飛賊蘇飛」而受到矚目，目前有許多蘇飛的周邊商品，深受各界喜愛。

❶將喜愛的藝術家作品做成衣服、提袋、手機殼或複製畫 ❷現在誠品有販售林皮和默默文創合作的吸油面紙、膠帶、護唇膏

林皮的紙糊玩偶和插畫非常有個人特色

MaiArt也設計各類布藝產品，由本地師傅縫製，希望能保留住式微的紡織產業

Design Port
和B.E.I.S
充滿溫暖和夢想的雜貨天堂

http www.d-port.co

✉ 香港九龍石硤尾白田街30號賽馬會創意藝術中心L104

📞 +852 2576 9993

➡ 港鐵深水埗站B2出口，或石硤尾站C出口，步行約8～10分鐘即可到達

🕐 週二～五14:00～20:00，週六～日12:00～20:00

MAP P.146 / D1

這是一家Carrie非常喜歡的生活雜貨鋪，裡面商品以手作設計、原創品牌和生活小物為主，雖然不是位在大家熟知的鬧區，卻完全符合Design Port的風格。店主Catherine除了引進許多本地的手作品牌，讓大家有機會認識這些新秀外，店裡也不時舉辦押花、皮革、燒玻璃等工作坊，讓有興趣的人可以製作屬於自己的個人小物。位在店內後方的皮革工作坊

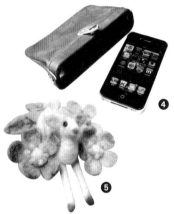

B.E.I.S，以客製化的皮件為主，每件皆可依客人喜好訂做獨一無二的商品。如果你已經厭倦千篇一律的商品，何不來Design Port，享受這充滿溫暖、夢想和人情味的空間。

❶店內裝修幾乎都來自於團隊雙手(圖片提供／Design Port) ❷全人手拼接的To Whit To Whoo，花色亮麗好看 ❸後方是皮革工作坊教學的地方 ❹B.E.I.S也接受訂製品，例如印有客人名字的醫生口金包(圖片提供／B.E.I.S) ❺A Wadded Dream粉嫩的色彩，可愛又浪漫

朗豪坊
主打年輕日系品牌

http www.langhamplace.com.hk/tc
✉ 香港九龍旺角九龍旺角亞皆老街8號
☎ +852 3520 2800
➡ 港鐵旺角站C3出口即可到達
🕐 11:00～23:00
MAP P.145 / B2

建在地鐵上方的朗豪坊，以年輕日系款式和中等價位為主，包括西武百貨、無印良品、i.t.、Monki等，4樓為美食區，2～7樓為潮流商品區，8～12樓則是日、韓精品小店。來到朗豪坊，最明顯的就是兩條4層樓長的手扶梯「通天梯」，可以直達廣場頂層，為全香港最長的室內手扶梯。此外，12樓的Live Stage，每週四～六都有本地音樂人的現場演出，可小酌同樂。

❶常和不同品牌舉辦crossover ❷大型的耶誕裝飾，是每年拍照熱點之一

女人街
價格便宜的淘寶聖地

✉ 香港九龍旺角亞皆老街與登打士街之間的通菜街
➡ 港鐵旺角站E2出口，向奶路臣街方向步行2個街口，約5分鐘即可到達
MAP P.145 / C2

1公里長的女人街，聚集了100多個攤位，早期以販賣女性服裝、用品而得名，現在不論是女裝、男裝、包包、飾品，甚至到家居雜貨，一應俱全。質量、款式都不算太優，重點是價格便宜，是外國人選購廉價服飾和紀念品的熱門地方。

❶❷香港特色街道女人街

baby café
女僕造型的平價餐廳

- http www.babycafe.com.hk
- ✉ 香港旺角亞皆老街8號朗豪坊11樓30號鋪
- ☎ +852 2111 1169
- ➡ 港鐵旺角站C3出口即可到達
- 🕐 週一～日12:00～23:30
- 💲 平均消費$100～$200
- MAP P.145 / B3

baby café是香港藝人Angela Baby所開設的一家法日Fusion菜色的餐廳。走進餐廳，牆上盡是Angela Baby的照片！美女真是讓人賞心悅目，無論看多久都不厭倦，更何況還穿著女僕裝呢！餐桌椅的挑選，搭配了她公主般的氣質，整個餐廳的氣氛營造的很好，菜色也出乎意料的精緻、可口，價格方面卻十分的平價，包

含前菜、主菜、甜點和飲料的套餐約100多元，可說CP值很高。原以為會像一般藝人開的副業，只是打著她的知名度而已，來了之後卻發現，無論是餐廳布置、食物的口感、人員的訓練等等，都給我種驚豔的感覺，值得推薦給所有朋友。

❶好吃好看的甜品 ❷餐點可說是色、香、味俱全 ❸整間餐廳Angela Baby都以女僕造型出現 ❹燈光美、氣氛佳的baby café

奇趣餅家
傳統手工的老餅店

✉ 香港旺角花園街135號地下
☎ +852 2394 1727
➡ 港鐵旺角站B2出口、旺角東站B出口、太子站B2出口皆可步行，約10分即可到達
🕐 08:00～20:00
💲 $40以下
MAP P.145 / C1

香港知名的老餅家不少，但像奇趣餅家仍用手工做的就不多了。天才剛剛亮，老師傅們就已經開始忙著做餅，好幾部烤箱同時作業，剛出爐的餅馬上用電扇吹涼，以免熱氣影響酥脆的口感。小小的店鋪裡，天天出爐的就有光酥餅、雞仔餅、紅豆餅，到幾天做一次的鮑魚酥、皮蛋酥，零零總總也有20～30種。其中最受歡迎的光酥餅，鬆軟美味，甜度剛剛好，特別適合老人和小孩食用，常常早上出爐下午就賣完了。Carrie則喜歡他家的核桃酥，又酥又香，一入口，還帶點豬油的香氣。另外，雞仔餅也好吃，很適合不餓但想吃點鹹味的時候。如果想買香港的伴手禮，奇趣餅家是不錯的選擇，雖然包裝很樸實，就像小鋪的外觀一樣，卻不失為一種簡單的好味道。

①③店面雖小，餅的種類卻非常多 ②人潮總是絡繹不絕的奇趣餅家

知 識 充 電 站

光酥餅的由來
光酥餅，又名西樵大餅，是廣東西樵山特產，相傳是明朝一位大臣為了趕上早朝，就用麵粉、雞蛋、糖和水搓成糰烘乾，做法既快又能止飢，後來他告老還鄉，便將此餅帶回故鄉西樵山，沒想到非常受歡迎，成了廣東名產，到現在已經有300多年的歷史。

明閣

連續六年蟬聯獲得米其林

- http hongkong.langhamplacehotels.com.cn/restaurants/ming_court.htm
- 香港九龍旺角上海街555號香港旺角朗豪酒店6樓
- +852 3552 3300
- 港鐵旺角站C3出口
- 週一~日11:00~14:30，18:00~22:30
- 平均消費$200~$300
- MAP P.145 / B2

　　來香港，飲茶是必吃的，但許多台灣人對香港茶樓吵雜的環境可能不大習慣，有鑑於此，Carrie要介紹一家環境優雅、服務又好的地方給大家，那就是明閣。位於朗豪坊酒店的明閣，已經連續6年獲得米其林的榮譽，餐廳融合

了現代與中國傳統元素，一整面仿明的陶瓷，搭配上當代著名藝術家的山水畫，整個用餐環境優雅而舒適。不論服務或是餐點，都是星級酒店的水準，讓你可以在安靜舒適的環境中，好好的品味美食。

❶充滿中國元素的優雅環境 ❷中菜部頭鑊黃偉文師傅精心設計的金獎菜式「四式珍饈」❸貴妃醉蝦餃 (以上圖片提供／明閣)

公和荳品廠

隱身市場中的百年老字號

- 香港深水埗北河街118號地下
- +852 2386 6871
- 週一~日07:00~21:00
- $50以下
- MAP P.146 / B2

　　很多遊客可能很難想像，這家百年老字號的公和荳品廠，居然隱身在傳統市場裡一個非常不起眼的小角落，稍一不留神，便會與其失之交臂。即使市場裡的環境簡單，純手工的豆製品仍吸引眾多粉絲前來朝聖。有別於現今

精緻古法的豆花，真的滑嫩許多

豆製品大多以機器製造，公和荳品仍堅持沿用古法，以石磨磨出豆漿後再製成各類成品，豆香特別濃郁，難怪會這麼受歡迎！

肥姐小食店
知名的排隊小吃店

- ✉ 香港旺角登打士街55號4A鋪
- ☎ +852 9191 7683
- ➡ 港鐵油麻地站A2出口，或是旺角站E2出口，步行約10分鐘即可到達
- 🕐 週一～日14:00～賣完
- 💲 $40以下
- MAP P.145 / C4

旺角最紅的小吃應該非肥姐小食店莫屬了，每次經過店面，都可以看到一長串的人龍。這裡賣的是港式滷水，主要以內臟為

主，香港人對內臟的熱愛可說世界第一，而他們處理的技術也可說是世界第一，完全讓人擺脫主觀印象，不但滷得十分入味，而且完全沒有一絲腥羶氣。小小的玻璃櫃裡，裝著滿滿的滷味，橙色的墨魚、生腸、雞腎、豬耳、豬頭肉、紅腸……，選擇真的很多，重點是便宜得難以置信，每一串只要5～10元。點完後，直接往紙上一放(還挺環保的)，加上紅色的甜醬和黃色的芥末，讓許多人忍不住就在店門口吃了起來。想試試香港道地的小吃，可千萬不要錯過肥姐小食店喔！

❶下午才開賣，門口已經排成一條人龍
❷有多種內臟料理供選擇

美都餐室
充滿懷舊風潮的傳統冰室

- ✉ 香港油麻地廟街63號地下
- ☎ +852 2384 6402
- ➡ 港鐵油麻地站C出口，由文明里往廟街走，步行約5分鐘即可到達
- 🕐 週一～日08:30～21:45
- 💲 平均消費$50以下
- MAP P.145 / C6

1950年開業的美都餐室是《九龍冰室》、《酒店風雲》等的拍攝地，至今仍保留當時的裝潢和菜色，因此吸引不少遊客專程前來朝聖。走上2樓雅座，彩色的馬賽克磁磚牆、淡綠色的大鐵窗和吊扇都讓時光彷彿凍結於此。坐上片刻，充滿了懷舊氛圍的美都，讓人彷彿又回到50年代一般。

❶大窗戶旁的卡座，是觀賞廟街及榕樹頭街景的最佳位置 ❷紅豆少又不軟，是個環境比餐點優的地方

第一腸粉專賣店
米其林推薦的銅板美食

✉ 香港太子砵蘭街384號地鋪
📞 +852 2380 7790
➡ 港鐵太子站C2出口，步行約5分鐘即可到達
🕐 週一～日08:00～23:30
💲 平均消費$40以下
MAP P.146 / B6

❷

香港的米其林除了星級餐廳外，還有許多美味又便宜的推薦，第一腸粉專賣店便是銅板美食之一。以腸粉出名的第一，不

❶

但味道選擇眾多，薄薄的粉皮，還可以輕易看到裡面的餡料，米漿香醇的味道，隨著內餡不同而有不同口味變化。招牌第一拉腸裡是混和了菜脯和韭菜的肉臊，吃起來香而不膩，肉臊入口即化，還帶點菜脯的甘和韭菜的香，難怪當年一開業就贏得米其林美譽，連影后葉德嫻都是座上客喔！

❶店面雖不大，但環境很OK ❷雙拼了招牌第一拉腸和脆瓜什菌拉腸

蘭苑饎館
健康飲食新主張

✉ 香港太子西洋菜北街318號地下(近界限街)
📞 +852 2381 1369、2397 7788
➡ 港鐵太子站A出口，步行約10分鐘即可到達
🕐 週一～六12:00～23:00，週日12:00～22:00
💲 平均消費$41～$100
ℹ 週一只販售龜苓膏及糖水
MAP P.146 / C5

太子站附近多以平民小吃為主，所以蘭苑饎館也就顯得特別醒目。店內裝潢充滿中國古典的雅致，以健康飲食為主的蘭苑饎館，是2014年米其林推薦餐廳之

❶

❷

一。除了著名的龜苓糕和開心果糊外，還有煲仔套餐供應，包括小菜、油菜、老火湯、白飯的套餐，百元有找。而深受歡迎的開心果糊，用的是伊朗進口的開心果，入口滑順，有淡淡的開心果香，卻沒有過多的甜，值得一試。

❶古色古香的蘭苑饎館 ❷綠油油的開心果糊很受歡迎

163

黃大仙、鑽石山

概 況 導 覽

黃 大仙原名「竹園」，因區內的黃大仙祠香火鼎盛、善信眾多，因而改名為黃大仙，是全香港唯一不沿海的行政區。鑽石山其實並非以鑽石聞名，而是一個標準的住宅區，區內由慈善團體所興建的志蓮淨苑和南蓮園池，大型的仿唐建築群深受遊客歡迎！

環繞盂香亭的神像，表情生動、用色柔和美麗

黃大仙祠
有求必應的香港第一廟

http www.siksikyuen.org.hk
✉ 香港九龍黃大仙竹園村2號
📞 +852 2327 8141
➡ 港鐵黃大仙站B2出口左轉,步行約3分鐘即可到達
🕐 園門07:00～17:30,總辦事處07:00～17:30,從心苑09:00～17:00

黃大仙祠可說是香港最著名、香火最鼎盛的廟宇,因為據說黃大仙「有求必應」,尤以籤文特別靈驗,所以常年吸引無數信徒來此膜拜求籤。黃大仙的建築格局是按照占卦的結果,並嚴格根據五行八卦原理設計而成。大殿左側有代表「火」的盂香亭,院中有象徵「土」的照壁,西邊建有「金」的飛鸞台,屬「木」的經堂正前方,建有「水」的玉液池,因此五行具備。

很多人慕名前來時,卻發現牌坊上刻的不是黃大仙,而是嗇色園,其實這才是黃大仙祠真正的名稱。這裡主要供奉東晉時期道教知名神祇黃初平,另有儒、釋兩教的孔子和觀音,故三教融合也是黃大仙祠的一大特色。

香港同台灣一樣,有大年初一搶頭香的習俗,所以每年除夕一到子時,就會有不少信徒爭相而來,成為香港有趣的賀歲習俗之一。

❶孔道門與後面的麟閣 ❷嗇色園才是黃大仙祠真正的稱呼 ❸中國傳統園林風格的從心苑

志蓮淨苑

莊嚴肅靜的女僧修行所

- http www.chilin.org
- ✉ 香港九龍鑽石山志蓮道5號
- ☎ +852 2354 1888
- ➡ 港鐵鑽石山站C2出口，依路牌指示步行約10分鐘即可到達
- 🕐 蓮園06:00～19:00，佛寺09:00～16:30

靜靜地走在志蓮淨苑裡，可以感受到一股莊嚴又肅靜的氛圍，這座仿唐代木結構建築的寺院，採用木、石、瓦等天然建材，殿內的木構件均以榫接方式結合，比例和諧、線條優美。佛寺坐北朝南，建築群沿中軸線作主次分布，主要殿堂如天王殿、大雄殿位於南北中軸線上，觀音殿與藥師殿等附屬殿堂則位於東西兩側，結構對稱平衡、清楚分明。東、南、西邊設有3個大門，分別為「東門」、「山門」和「西門」，整體建築形成「三進三重門一院」的布局。

這裡不單是香港唯一的女僧修行場所，其下並設有護理安老院、佛教志蓮中小學、志蓮淨苑文化部等多個單位，致力於宏揚佛教、安老福利、教育服務，以及文化的推廣。

❶出淤泥而不染的蓮花，非常能代表這裡 ❷❸充滿唐代風格的志蓮淨苑 ❹天王殿、大雄殿莊嚴而優美

南蓮園池

鬧區裡的唐代園林

- http www.nanliangarden.org
- ✉ 香港九龍鑽石山鳳德道60號
- ☎ +852 2329 8811
- ➡ 港鐵鑽石山站C2出口，出來便可看到指示，步行約10分鐘即可到達
- 🕐 週一～六05:00～18:00
- 休 週日、公眾假期
- S 免費

第一次到南蓮園池時，Carrie不免驚訝在這繁華喧囂的香港鬧區裡，居然隱藏了一個如此寧靜清幽的唐代園林，和園外的車水馬龍相比，這裡彷彿是都市裡的一片淨土。雖然整個園區的設計、監造、營運管理都委託隔壁的志蓮淨苑執行，但走在裡面，你一點都感覺不到任何宗教色彩，甚至還會有種到了日本的錯覺！

園區採以小見大的建築手法，利用或藏或現、或深或淺的技

巧，讓觀賞者在有限的空間內，卻能有「無限空間」的感覺。因此，走在彎曲迴旋的小徑，不論是兩旁的樹木花朵、奇岩異石，還是古典精緻的唐代木建築，總讓人覺得柳暗花明又一村，處處充滿驚喜。

提到香港的最佳拍照地點，南蓮園池絕對是其中之一，那到底哪裡是最棒的取景處呢？答案是每個角落都是。因為不論是金光閃閃、瑞氣千條的圓滿閣，還是與池水倒影相呼應的松茶樹，亦或有著五彩鯉魚悠游的亭橋，都美得讓你無法停下快門。所以Carrie大力推薦，來香港，千萬不要錯過這個景點喔！

❶有著奇岩異石的飛石路與羅漢山 ❷幽靜的槐亭和水月台 ❸用色搶眼大膽的圓滿閣 ❹遊客喜歡到水月台上賞魚和松茶樹

赤柱

Stanley

　　說到赤柱，腦海浮現的便是燦爛的陽光、柔和的沙灘、蔚藍的海岸和處處充滿異國情調的餐廳，這個位於香港島南邊的小鎮，可以說是最受西方遊客喜愛的地方了。這裡的天然風光迷人，岩岸、沙岸兼具，水上活動盛行，另有赤柱正灘和聖士提反灘兩大泳灘，其中的赤柱正灘更曾被國際旅遊網站(cheapflights.com)評選為「全球10大沙灘」，是亞洲唯一入選的沙灘。

　　赤柱最具代表性的建築物美利樓，融合了東西方建築特色，仿希臘復古式的圓形石柱上，卻有著中式瓦片房頂，3層樓高的花崗岩建築原坐落於中環花園道上，1983年因發展計畫拆卸，3,000多件花崗岩逐一編號收藏，直到15年後才覓得此處重新組裝起來，非常具有歷史價值與意義。

❶

❷

　　來赤柱，你可以逛逛市集、淘淘寶，也可在歷史古蹟美利樓裡品嘗美食，或到沙灘戲水、做做日光浴，不論你是選擇哪一項，都可盡情享受這美麗的自然風光和悠閒的小鎮風情。

❶美利樓前方的卜公碼頭，曾佇立中環怡和大廈現址多年 ❷赤柱的沙灘，很有世外桃源的美 ❸赤柱最具代表性的建築──美利樓 ❹美利樓旁一排石柱，全都源於一間名為「同昌大押」的古老當鋪 ❺悠閒的英國酒館Pickled Pelican，全日提供英式早餐，還有英國代表食物炸魚柳(圖片提供／Pickled Pelican) ❻赤柱大街上，造型最引人注目的The Boathouse ❼美利樓上的德國餐廳King Ludwig Beerhall，豬腳、啤酒一級棒

Data

✉ 香港島赤柱

➡ 1.港鐵香港站D出口或是中環A出口，步行至中環交易廣場巴士總站，搭乘6、6A、6X、66或260號巴士，於赤柱廣場站下車。2.港鐵銅鑼灣站B出口，往登龍街搭乘40號綠色小巴，於赤柱市集下車。3.尖沙咀新港中心外，搭乘973號巴士，於赤柱廣場下車

西貢

西貢的海水清澈，風景如同世外桃源一般

　　依山傍水的西貢素有「香港後花園」之稱，由於它美麗的景色和悠閒的步調，也成為許多歐美人士的住所。一到假日，許多香港人便會開車來到西貢，不論是租船出海、爬山健走、逛魚市、品嘗活跳跳海鮮，或是一遊地質公園，都可讓忙碌的身心得到慰藉。碼頭旁一艘艘的舢舨上，擺滿了各式海鮮，遊客可以體驗站在岸上向海上漁家買漁獲的樂趣。附近一整排的餐廳，還可以按你喜愛的方式加工處理，你也可以直接在如同水族館的餐廳裡挑選各式漁獲。記得挑個景色優美的座位，一邊欣賞西貢美麗的自然風光，一邊品嘗美食，享受一下這屬於香港人的慢生活。

退潮時，遊客可以步行到橋咀洲

❶屋頂造型奇特的天后廟 ❷擁有豐富、多樣化地質的香港地質公園 ❸西貢的海水清澈，風景如同像世外桃源一般 ❹人流最多的全記海鮮，即使平日生意也非常好，如不知怎點，可考慮套餐 ❺招牌的芝士龍蝦麵，雖然好吃，但我還是偏愛清蒸多一點 ❻廈門灣泳灘 ❼沿著海傍廣場，一路都是攬客的船家

旅 行 小 抄

遊逛周邊景點

沿著海傍廣場走，一路都是帶人出海的遊船攤位，價格也不貴，20、30元便可以走一個景點，如果想海遊地質公園一圈，整個行程約2.5小時(約100多元)。這些船家中以貓記較為出名，不但船大些也新點。如果只想去一個景點，建議到連島沙洲——橋咀洲，距離其他小島較近，只要10分鐘便可到達。獨立的小島和沙灘相連，退潮時，遊客可以步行上島。

Data

🌐 www.travelinsaikung.org.hk，西貢地質公園遊 www.shtravel.com.hk，中國香港世界地質公園 www.geopark.gov.hk

✉ 香港新界西貢區

➡ 港鐵彩虹站C2出口，搭乘1A號綠色小巴前往；或港鐵坑口站，搭乘101號綠色小巴前往；或港鐵鑽石山站C2出口，鑽石山巴士總站搭92號直達西貢公車總站，車程不到半小時

離島郊區
一日小旅行

大嶼山
充滿度假風情、歡樂迪士尼之旅

大嶼山不僅是香港六大島中最大的小島，也是通往澳門、珠海和中山的主要航道。如果你喜歡悠哉閒散的度假Fu，可以到大澳體驗傳統的漁村風情，喜歡熱鬧刺激的活動，可以到貝澳、長沙的海灘戲水，或到香港迪士尼樂園來一趟夢幻奇妙之旅，無論你喜歡何種旅遊，大嶼山都能滿足你不同的需求。

迪士尼樂園
大小朋友都愛的奇妙世界

- **http** www.hongkongdisneyland.com/zh-hk
- ✉ 香港大嶼山香港迪士尼樂園
- ☎ +852 3550-3388
- ➡ 從港鐵欣澳站，轉乘迪士尼線列車至迪士尼站下車
- ⏰ 由於開放時間隨淡旺季不同，最好先上網查詢
- 💲 1日票：成人$499、兒童(3～11歲) $355、長者(65歲以上)$100；2日票：成人$680、兒童(3～11歲)$480、65歲以上$170

如果有去過其他迪士尼樂園的朋友，可能會驚訝於香港迪士尼小而美的程度，因為從大門進去，一不小心就走到最尾端，雖說如此，香港迪士尼還是盡量在有限的空間裡，帶給大家無限的驚喜！

（❶❷❸❹圖片提供／香港迪士尼樂園）

One Day Tour

美國小鎮大街

依照華特・迪士尼兒時所住的小鎮建造，走在20世紀初、充滿美國西部風情的淘金小鎮裡，好像身在電影場景般，逼真的古典建築裡是一間間商店，想買紀念品的遊客，可以到裡面逛逛。白天你可以搭著老爺車遊覽園區，也可以觀看迪士尼明星們帶來的「迪士尼飛天巡遊」，享受充滿喜悅、歡樂的遊行隊伍，晚上則可欣賞燦爛動人的煙花表演，無論商店或娛樂節目都是園區裡最多的地方！

明日世界

屬於機械遊樂場的「明日世界」，有精彩刺激的室內過山車「飛越太空山」，與巴斯光年一起並肩對抗外星人的「巴斯光年星際歷險」，另外還有「馳車天地」、「太空飛碟」及「UFO地帶」。

精彩刺激的「明日世界」

幻想世界

是一個充滿想像、希望和夢想的地方，看到「幻想世界」，彷彿看到一座夢幻的積木城堡般，柔和的色彩、可愛的造型，吸引眾多遊客拍照留念。「小小世界」裡的遊船，會帶大家穿梭在各式卡哇伊的木偶當中，「米奇幻想曲」裡的4D電影，除了可看到逼真影片，現場還有香氣、吹風和水花等感官效果特技，非常有趣！是個老少咸宜的景區。

「幻想世界」的夢幻城堡

「探險世界」的獅子王歌舞劇和森林河流之旅

玩具總動員大本營

為亞洲獨有的玩具總動員大本營，以玩具總動員裡Andy家的後花園為背景，遊客進入園區後會「縮小」成為玩具的一部分。另外有「沖天遙控車」、「玩具兵團跳降傘」及「轉轉彈簧狗」等遊樂設施。

灰熊山谷

灰熊山谷以被灰熊占據的荒廢淘金小鎮為故事背景，遊客可以乘坐「灰熊山極速礦車」穿梭其中。遊樂設施還有「噴泉山谷」，亦設有小食亭、小型商店。

迷離莊園

為香港迪士尼樂園獨有的主題園區，講述一位英國探險家亨利爵士於熱帶雨林設立的一座博物館，館內展示了許多收藏品，遊客將會經歷一次奇妙的博物館之旅。

探險世界

到處都是原始森林和印第安風光的探險世界，最精彩的莫過於改編自「獅子王」的大型歌舞劇，場面之盛大、歌舞之精采，絕對不下於一般歌舞劇，是Carrie大力推薦、非看不可的表演。除了表演，還可搭探險船來一趟的森林河流之旅。

小飛象旋轉世界

旅行小抄

迪士尼快速通行攻略

香港迪士尼樂園玩意多，想節省輪候時間，有妙計！您可以在提供「快速通行卡」服務的遊樂設施，將入場門票插入「快速通行卡」印票機中，領取「快速通行卡」。之後，您可繼續在樂園內其他設施暢玩；只要在卡上註明的「預約」時間前返回該遊樂設施，即可獲優先安排進場。

One Day Tour

昂坪

沿途欣賞人文自然景觀

http www.np360.com.hk，昂坪自然中心
www.natureintouch.gov.hk

✉ 香港大嶼山昂坪

☎ 昂坪360：+852 3666 0606，
昂坪自然中心：+852 2259 3916

➡ 從港鐵東涌站B出口，步行約5分鐘至東涌纜車站

🕐 昂坪360週一～五10:00～18:00，週六～日09:00～18:30(保養及維修日請參照官網資訊)

💲

	門票及套票	成人	兒童 (3～11歲)	長者 (65歲或以上)
來回 纜車	標準車廂	$160	$85	$115
	水晶車廂	$255	$175	$205
	1+1 標準及水晶車廂	$230	$150	$180
單程	標準車廂	$115	$60	$80
	水晶車廂	$180	$125	$145

ℹ️ 另有多種導覽團套票供選擇，詳情請上官網查詢

昂坪位於大嶼山上，從東涌搭昂坪360前往約25分鐘，遊客可以沿途欣賞大嶼山郊野公園的自然美景。纜車的終點站是昂坪市集，有販賣紀念品的商店，也有可享用美食的餐廳。這裡也是前往天壇大佛、寶蓮禪寺、昂坪廣場及心經簡林的起點，步行前往只需5～10分鐘。市集內的昂坪自然中心，有免費導覽團(有粵語、普通話、英語可選擇)，帶大家認識沿途植物、生態與心經簡林等人文景觀，有興趣的朋友不妨提早預約。

❶水晶車廂可清楚看到下方風景 ❷市集內的許願樹 ❸昂坪360有許多旅遊套票，可以去附近景點 ❹心經簡林 (以上圖片提供／昂坪)

寶蓮禪寺
與天壇大佛
莊嚴祥和的南天佛國

- **http** www.plm.org.hk
- ✉ 香港大嶼山昂坪寶蓮禪寺
- ☎ +852 2985 5248
- ➡ 由港鐵東涌站外的纜車站,乘昂坪纜車,車程約25分鐘,下車後,步行約10分鐘即可到達
- ⏰ 天壇大佛每天10:00～17:30,寶蓮禪寺每天08:00～18:00,齋廚每天11:30～16:30

百年古剎寶蓮禪寺建於1906年,有「南天佛國」之稱,歷年來香火鼎盛。寺內有供奉三方佛的大雄寶殿,以及建有庭院園林

通往寶蓮禪寺的牌坊

的天王大殿。另外有3處園林,分別為紫荊園、蘭花圃和後花園森林。除了拜佛,您也可以在此享用佛門齋菜。

在寶蓮禪寺對面,就是坐落於木魚峰上、全球最高的戶外青銅坐佛——天壇大佛。由於處於高位,所以要參拜大佛,得先爬上268級石階,才能來到大佛面前。大佛面相豐圓端麗、雙耳垂肩、莊嚴祥和,加上四周風光如畫,令人心曠神怡。

大澳
擁有東方威尼斯之稱

- ✉ 大嶼山大澳
- ➡ ❶ 從港鐵東涌站B出口的巴士總站,乘坐11號巴士至大澳巴士總站,車程約50分鐘,下車後步行5分鐘至大涌橋,再沿水道兩旁走
  ❷ 從港鐵東涌站B出口的東涌纜車站,乘搭纜車至昂坪纜車站。下車後步行約5分鐘到昂坪巴士總站,搭乘21號巴士至大澳巴士總站,車程約20分鐘,下車後步行5分鐘至大涌橋,再沿水道兩旁走

如果你想遠離香港的擁擠與忙碌,那悠閒、寧靜的大澳是個非常好的選擇。這個素有「東方威尼斯」之稱的小漁村,世代以來都是水上人家的聚居地,早期因受歧視而無法在岸上居住,於是

沿河興建了戶戶相連的棚屋，這樣的生活模式，形成了今日大澳的特殊景觀。來到大澳，你可以穿梭在橫街窄巷內，品嘗知名小吃，或是搭著小艇出海觀賞中華白海豚，亦或沿路欣賞別具一格的棚屋、紅樹林，幸運的話，還可以看到招潮蟹和彈塗魚喔！

❶❷生態豐富的紅樹林裡，有招潮蟹和彈塗魚 ❸只要20、30元就可以搭船出海 ❹看到香港傳統鐵門上的書法，便知書法家簡煜光先生的店到了 ❺素有「東方威尼斯」之稱的大澳，小船是家家戶戶必備的交通工具

大澳美食推薦

炭爐雞蛋仔

✉ 大澳吉慶街59號地下

大澳唯一獲得Open Rice最佳熱店的地方，招牌除了炭爐雞蛋仔外，還有阿伯出名的太陽眼鏡造型。

大澳小食

✉ 大澳吉慶街70號地下
☎ +852 2985 7428

即點即煎的香妃卷，先在平底鍋上抹上薄薄的麵漿，打上蛋，再灑上蔥、蝦米、蘿蔔乾末、芝麻、炸麵皮，然後淋上醬汁捲成蛋餅狀，香味十足，爽口好吃。

蘇盧 Solo

✉ 大澳吉慶街86號地下
☎ +852 9153 7453
🕐 週一～六11:00～18:00

大澳的吉慶街是條小吃街，可以品嘗到各式美食，但環境都較為簡陋，蘇盧是少數可以坐下來喝咖啡的地方。店裡販賣各式藝品，除了可以體驗在棚屋喝咖啡外，風景也是一大賣點。

長洲

漫步沙灘、看夕陽、玩水上活動

形狀有如啞鈴的長洲，無論日夜都十分美麗（圖片提供／李宏傑）

Data

✉ 新界長洲

➡ 中環5號碼頭，搭往長洲的新渡輪(中環A出口出來走民耀街，或者走到香港站從E1出口，走天橋到碼頭)

船種	普通船	高速船
船程	約60分鐘	約40分鐘
票價	週一～六：普通位$13.20，豪華位$20.70 週日及公眾假期：普通位$19.40，豪華位$30.20	週一～六：$25.80 週日及公眾假期：$37.20

如果要推薦一個離島給大家，那麼長洲會是Carrie的第一選擇，外形像啞鈴的長洲，有不少知名的旅遊景點，例如張保仔洞、北帝廟和五行石等。除了風景亮麗外，美食和多元的活動更不會讓人無聊。東灣和觀音灣除了可以漫步沙灘、欣賞夕陽外，觀音灣的水上活動中心還有各種水上器材可租借。而東灣的水質清澈、砂礫細緻，是游泳、衝浪的好地方。另外，每年一度的太平清醮，也吸引大批人士慕名前來。由於島上風景迷人，許多人會選

擇來此度假，因此有不少青年旅舍、渡假屋和B&B旅館。

長洲沒有巴士和計程車，所以要暢遊其中，健行和單車都是不錯的選擇。島上風光明媚，加上沒有車輛橫行，騎單車不但舒服又安全。碼頭附近就有許多租車店，租車前不妨多看、多比較。

長洲主要有3條觀光路線，以碼頭為起點，往北走可達北帝廟，沿途會經過數家當地美食，別忘了停下來品嘗一番！往前直走可到東灣、觀音灣和旅館區。往南騎是條平坦又寬闊的海濱長廊，可以通往西堤道，沿途有海鮮餐廳，而長廊盡頭就是前往張保仔洞及天后廟的必經之路。

如果想在香港找個地方放鬆一下，不妨找間有海景的旅館，享受賴在沙灘上什麼事也不做的悠閒，或騎著單車認識這純樸的小鎮，感受當地居民的自在生活，無論何者，相信都會讓你體驗到不一樣的香港。

❶長洲的夕陽是出了名的美 ❷張保仔洞，傳說就是張保仔的藏寶處，由大小不同的石頭組成的洞穴群，可互通往不同的地方 ❸五行石附近的岩石十分有特色

長州美食推薦

郭錦記

✉ 長洲北社街46號鋪
☎ +852 2986 9717
💲 平均消費$50以下

長洲聞名的太平清醮，重頭戲便是北帝廟一帶的「搶包山」比賽，參賽者須在3分鐘內爬上搶包子並返回地面。最上層包子每個9分，中層3分，下層1分，總分最高的為冠軍。所以來到長洲，不可不試這項當地特產——平安包。

圖片提供／李宏傑

允升甜品

✉ 長洲新興街3號
☎ +852 2981 5032
💲 平均消費$50以下

位在小巷內的允升甜品，真的是「行仔內」才知道，著名的芒果糯米滋，柔軟得像麻吉的外皮，包裹著大片的新鮮芒果肉，是Carrie的最愛。

故鄉茶寮(故鄉俱樂部)

✉ 長洲教堂路17號地下
☎ +852 2981 5038
💲 平均消費$50以下

由吉野夫婦經營的故鄉茶寮，最為人所知的就是紅豆餅。店主在80年代從日本到長洲旅遊，因為被樸素風情所吸引，便決定移居到長洲，10年後開設這家小店。老闆本身是藝術家，所以店裡充斥著他的畫作。

圖片提供／李宏傑

myarts賣藝

✉ 長洲東灣路慶安台3號
☎ +852 2332 9985

約400平方英呎的myarts賣藝，走LOFT自然風格，希望打造一個充滿藝術氣息的地方。店內提供約2/3的空間給本地藝術者作寄賣，剩下的1/3空間，則有從世界各地搜購的不同特色創意工藝品，精緻有特色。

katland studio的可愛動物鑰匙圈、項鍊、手鍊深受遊客歡迎，除了現場商品外，還可以為你家的寵物量身訂做一個獨一無二的紀念品喔（圖片提供／myarts）

南丫島

悠閒散步、大啖海鮮、買工藝品

Data

http www.hkkf.com.hk

✉ 新界長洲

➡ 從中環A出口出來走走民耀街，或者走到香港站從E1出口，走天橋到中環4號碼頭，搭乘港九小輪至南丫島，船程約30分鐘。船班詳情請參考港九小輪

<table>
<tr><th rowspan="4">票價</th><th>搭乘者</th><th>週一～六</th><th>週日及公眾假期</th></tr>
<tr><td>成人</td><td>$17.10</td><td>$23.70</td></tr>
<tr><td>3～12 歲小童、
65歲以上長者或傷殘人士</td><td>$8.60</td><td>$11.90</td></tr>
<tr><td>3歲以下小童</td><td>免費</td><td>免費</td></tr>
</table>

無論是榕樹灣碼頭還是索罟灣碼頭，都有超過百年歷史的天后廟

香港有許多風景秀麗、純樸又寧靜的小島，而且只要約半小時的船程就能到達，其中又以長洲和南丫島最受遊客歡迎。南丫島是發哥——周潤發的故鄉，由於充滿老香港的漁村色彩和悠閒浪漫的生活節奏，所以也吸引許多西方人在此定居，形成一股中西融合的文化特色。

大多數人到南丫島來，除了品嘗美味海鮮外，便是遠足健行。島上有兩個碼頭，分別為一北一南的榕樹灣和索罟灣，而位於兩者之間的便是平坦易走、適合一家大小健行的家樂徑。無論是榕樹灣碼頭還是索罟灣碼頭，附近都有許多海鮮餐廳，所以不管從哪一頭走，結束時吃頓美食慰勞自己，是再好不過的享受。

如果有興趣小試身手健行一下的朋友，Carrie建議不妨從索罟灣走，因為榕樹灣碼頭船班較為頻繁，不用拖著疲累的身心等待太久。如果只想來吃吃海鮮，享受島上風光，那就要直接前往榕樹灣，因為這邊的榕樹灣大街有許

多歐陸和亞洲料理的餐館、酒吧及藝品店，你可以漫步在這充滿濃厚異國情調的街道上，品嘗美食、挑選來自各地的手工藝品，享受一個輕鬆自在的閒逸假期。

❶家樂徑的沿途風光明媚動人 ❷南丫島家樂徑，只是走輕微斜坡的簡易程度 ❸洪聖爺灣泳灘水清沙細，雖然沙灘對岸便是南丫島發電廠，卻無法阻止大家前來享受游泳和日光浴 ❹自然形成的不規則切面，讓南丫島的岩石充滿個性美 ❺❻阿婆豆花

住宿情報

住宿情報 *Accommodations*

　　住宿，是旅行中重要的一環，但重要的是什麼，每個人皆不同。有些人價格取勝，便宜就好；有些人厭倦了一成不變，想要尋找更有創意的地方；有些人則要有度假的感覺，好慰勞自己平時的辛勞。因此，Carrie特別針對不同需求，蒐集了平價旅館、精品旅店和奢華酒店三類住宿，希望能滿足讀者不同的需求。

奢 華 酒 店

香港洲際酒店
地理環境位置絕佳

🌐 www.ihg.com/intercontinental/hotels/cn/
zh/hong-kong/hkghc/hoteldetail
✉ 香港九龍尖沙咀梳士巴利道18號
📞 +852 2721 1211
➡ 由港鐵尖東站J出口，約5分鐘
🕐 24小時
💲 $1,992～$7,992
🗺 P115 / C7

　　在香港，難得有像洲際酒店這樣好的地理位置，飯店前方便是星光大道和維多利亞港，餐廳、泳池和許多房間都可欣賞到維港的美麗夜景。走路便可到藝術館、文化中心、天星碼頭和海港城等地方，不論是購物、品嘗美食或到各景點都十分便利，房間也比起其他飯店大很多，CP值挺不錯的！

❶❷房間風景與地理位置都佳（以上圖片提供
／香港洲際酒店）

Accommodations

香港麗思卡爾頓酒店
The Ritz-Carlton
每一間都能俯瞰維港的海景房

http www.ritzcarlton.com/zh-cn/Properties/
HongKong/Default.htm

✉ 香港九龍柯士甸道西1號

☎ +852 2263 2263

➡ 港鐵九龍站C出口，西鐵柯士甸站B5出口步行約5分鐘

🕐 24小時

💲 $4,500～$7,100

MAP P115 / A1

位於ICC香港環球貿易廣場102～118樓的The Ritz-Carlton，是目前全球最高的酒店，這裡的每個房間都可以欣賞到維多利亞港

（圖片提供／香港麗思卡爾頓酒店The Ritz-Carlton）

的極致景色和壯麗的城市景觀。到樓下，有集國際名牌、餐飲、藝術與娛樂於一身的圓方商場，想買東西、吃東西都沒問題，去其他景點，地下就是九龍站，便利性十足，如果預算夠的話，不妨對自己好些喔！

麗星郵輪
另類的海上旅館

http www.starcruises.com

✉ 香港九龍尖沙咀廣東道5號海洋中心1528室

☎ +852 2317 7711

➡ 港鐵尖沙咀站E出口，尖東站L4出口

💲 約$1,170～$5,520

MAP P115 / A7

每晚的維多利亞港，都可以看到形形色色的郵輪航行其間，其中的麗星郵輪有兩天一夜的南中國海行程，晚上6點帶著旅客夜遊維多利亞港並前往公海，隔天早上9點返港，船上除了供應餐點還有各式表演、娛樂設施，不失為一個有趣的住宿選擇。

（以上圖片提供／麗星郵輪）

奕居
The Upper House
榮獲亞洲最佳酒店

🌐 www.upperhouse.com/tc/default.aspx
✉ 香港島金鐘金鐘道88號
📞 +852 3968 1111
➡ 從港鐵金鐘站F出口
🕐 24小時
💲 $5,000～$17,000
🗺 P77 / C2

以低調出名的奕居「The Upper House」，是太古集團繼北京瑜舍之後開設的第2家酒店，位於金鐘太古廣場上方，非常方便來吃東西、買東西的朋友。飯店由香港著名建築師傅厚民所設計，整個空間既簡單又舒服，雖不是採用東方元素，但卻呈現一種東方特有的寧靜與平和。

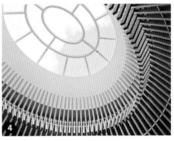

房間分為面山和面海2種，不論是何種，景色都各有其優美之處，另外公共空間和房裡還可欣賞到許多造型獨特的雕刻品，難怪連續多年獲得大獎，2014年更榮獲Trip Advisor亞洲最佳酒店NO.1！相信是有品味的人都會喜愛的地方！

❶6樓的戶外休息區，綠油油的草坪讓人很Relax ❷有景觀的泡澡區 ❸面積從68平方公尺起跳，是香港少見的大房型 ❹設計典雅的天井（以上圖片提供／奕居The Upper House）

精品酒店

唯港薈Hotel Icon
國內外知名設計師的鼎力之作

http www.hotel-icon.com

✉ 香港九龍尖沙咀東部科學館道17號

☎ +852 3400 1000

➡ 由港鐵紅磡站D1出口步行至唯港薈,只需3~5分鐘。另外酒店設有免費穿梭巴士往來尖沙咀的中間道(尖沙咀站L4出口)及新太陽廣場,每20分鐘一班

🕐 24小時

$ \$1,820~\$3,200

MAP P115 / D3

位於紅磡的Hotel Icon,由香港理工大學斥資13億元設立,是全球首間由院校全資擁有,集教學與酒店功能於一身的飯店。但千萬別因此而質疑這裡的舒適與專業性。由香港知名設計師劉小康精心挑選了包括靳埭強等100多件藝術珍品,讓唯港薈好像一座藝術館般。而以東方風時裝享譽國際的Vivienne Tam,為唯港薈設計了火紅色的套房。法國知名植物學兼藝術家Patrick Blanc,替大堂設計出亞洲最大的室內直立式花園,此外,還有Conran & Partners設計的天外天與The Market餐廳。四星半的Hotel Icon,沒有一般星級飯店金碧輝煌的豪華氣派,而是與眾不同的人文氣質與設計品味。

(以上圖片提供/唯港薈Hotel Icon)

191

美麗華精品酒店
Mira Moon
融合中國傳統與現代時尚

🌐 www.miramoonhotel.com/zh-hant
✉ 香港銅鑼灣謝斐道388號
📞 +852 2643 8888
➡ 港鐵銅鑼灣站C出口，步行約5分鐘
🕐 24小時
💲 $1,360～$2,388
🗺 P97 / B2

　　贏得多個旅館業和媒體大獎的美麗華精品酒店，由領導時尚的Wanders & yoo所設計，概念源自中國的「嫦娥奔月」，整個飯店大膽地採用了中國紅，並巧妙運用中式雕刻和牡丹花等元素，再搭配時尚的高背椅，既古典又現代。房間內更提供免費迷你吧、Wi-Fi、iPad mini和可撥打免費國際電話的handy smartphone等科技設施，相信可以滿足現代人的需求。

❶套房裡的大客廳，可以開趴了 ❷如花苞般的紅色高背倚是Mira Moon的特色 ❸房間可以看到維多利亞港的夜景 ❹由荷蘭設計師Marcel Wanders設計的Secret Garden（以上圖片提供／美麗華精品酒店Mira Moon）

Accommodations

V hotel Wanchai2
中式極簡高雅風格

http www.thevhotels.com/cn/v-wanchai2-hotel
✉ 香港灣仔譚臣道139
📞 +852 3602 2388
➡ 港鐵灣仔站A4出口，步行約5分鐘
🕐 24小時
💲 $1,580～$2,380
MAP P77 / C6

陳韻雲女士創立的V Hotels在灣仔和銅鑼灣有3家分店，每家都曾得過國際建築或室內設計獎，且

地點皆在地鐵站附近，不論公出或旅遊都十分方便。其中於2012年投入營運的V hotel Wanchai2，更是一開幕隨即獲得透視雜誌的傑出表現獎和亞太區室內設計大獎。雖是香港本土品牌，卻有國際級服務水準，提供免費Wi-Fi和迷你酒吧，有的房間甚至還提供洗衣機和洗衣粉，十分貼心！

❶改為一整面由算盤裝飾成的牆 ❷房間風格簡單高雅（以上圖片提供／V hotel Wanchai2）

平 價 旅 館

JUST INN
現代風格的經濟旅館

http justinn.com.hk/chi
✉ 樂道店：香港九龍尖沙咀樂道23號7樓；彌敦道店：香港九龍尖沙咀彌敦道81號喜利大廈8樓A&B
📞 +852 2366 8972
➡ 樂道店：港鐵尖沙咀站H出口轉入iSquare搭電梯上地面，轉右到樂道23號(7-eleven旁)；彌敦道店：港鐵尖沙咀站H出口，沿iSquare直走至81號喜利大廈
🕐 週一～日07:00～24:00；其他時間可使用櫃檯電話與值班人員聯繫詢問，24小時皆有人值班，無須擔心
💲 $430起
MAP P115 / B5

非常注重旅客安全、以門卡進出的JUST INN，2家分店都位於地點方便的尖沙咀。來到JUST INN，可以看到隨處擺放的畫作和藝品，這份輕鬆惬意也是JUST INN希望帶給旅客的感覺。整個旅

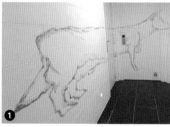

館和房間不走可愛路線，而是個性化的現代風格，目前只有彌敦道分店有接待處，如果第一天到樂道分店Check in，別忘了按門鈴請工作人員開門喔！

❶❷房間設計十分有個性（以上圖片提供／JUST INN）

撲撲旅舍
充滿濃厚藝術風格

http www.hopinn.hk

✉ 漢口店：香港九龍尖沙咀漢口道19-21號漢
宜大廈2樓A室；加拿芬道店：香港九龍尖沙
咀加拿芬道33-35號發利大廈9樓

☎ +852 2881-7331

➡ 漢口店：港鐵尖沙咀站C1出口，在北京道轉
西(右)，在第2個交叉路口轉北(右)到漢口
道，旅舍就在Adidas店隔壁、1010電話店對
面；加拿芬道店：港鐵尖沙咀站A2出口沿堪
富利士道直走，於加拿芬道過對面馬路進赫
德道，旅舍大廈的入口就在7-eleven旁邊

🕐 24小時

💲 $430起

MAP P115 / B5、C5

對Carrie來說，出外旅遊最重要的是環境乾淨、安全，交通便捷、地點便利。所以如果你預算有限，但又不想和一群陌生人分住同一房間，連續多年獲得最佳旅舍的撲撲就是你的最佳選擇！

創立於2009年的撲撲旅舍目前已有2家分店，所有的客房都由香港藝術家或插畫家所設計繪製，因此房間風格皆有不同。室內面積雖不大，但都有獨立衛浴且光線充足，所有旅客需要的免費Wi-Fi、液晶電視、DVD播放器等等一應俱全，而且還有一個多功能的交誼廳和超大的公共陽台。如果讀者想入住心儀的設計房，別忘了提前訂房和清楚指明所需房型喔！

❶每個房間都充滿不同繪圖，風格各異 ❷公共空間寬敞 ❸由香港藝術家梁祖彝所繪製的門神，添加了蝙蝠俠和超人的元素（以上圖片提供／撲撲旅舍）

Accommodations

Mini Hotel
鬧中取靜的平價旅館

🌐 minihotel.hk/core
✉ 中環店：香港中環雪廠街38號；
　銅鑼灣店：香港銅鑼灣新會道8號
☎ 中環店：+852 2103 0999；
　銅鑼灣：+852 3979 1199
➡ 中環店：地鐵中環站G出口，樓梯上到地面
　後，往前方通道直走，看到右邊出口出去即
　為皇后大道中，過馬路後左轉走到雪廠街右
　轉，步行約需10分鐘(雪廠街為斜坡，如不想
　推行李上坡，可考慮搭計程車，基本不會跳
　表，但開後行李箱要另外加錢)；
　銅鑼灣店：港鐵銅鑼灣站F出口，往渣甸坊右
　轉，到希慎廣場左轉恩平道，經過利園一期
　後右轉希慎道直走，到新會道後左轉，不久
　左邊即是(如人數和行李多過一，可考慮搭計
　程車)
🕐 05:00～01:15
💲 $520起(銅鑼灣店有早鳥優惠，住超過一晚
　也會便宜些)
🗺 P39 / D4

　　走平價路線的Mini Hotel，雖然屬於經濟型飯店，但地理位置卻占了絕大優勢，目前有中環和銅鑼灣2家分店，中環店商務性質較重，裝潢走極簡風格，而銅鑼灣店則藝術氛圍濃厚，既時尚又前衛。名符其實的迷你酒店，房間雖不大，但服務親切、乾淨，不失為性價比高的住宿選擇。

❶❷中環店風格簡約 ❸❹銅鑼灣店藝術風格強烈
（以上圖片提供／Mini Hotel）

TRAVEL INFORMATION
實用資訊

香港旅遊黃頁簿

Travelling in Hong Kong

前 往 與 抵 達
DEPARTURE & ARRIVAL

簽證

現在到香港旅遊，只要持6個月以上的台灣護照或台胞證，就可以停留香港30天。而且可以在「香港政府一站通」網站上免費申請「台灣居民預辦入境登記」，也就是電子簽證。登記時，須提供下列個人資料(資料須與回台旅行證件上的資料相符):

● 中、英文姓名
● 中、英文別名(如有)
● 性別
● 出生日期
● 出生地點
● 台灣身分證號碼
● 回台旅行證件號碼及有效日期

http 香港政府一站通網址：
www.gov.hk/tc/nonresidents/visarequire/general/par.htm

航空公司

目前桃園機場直飛的航空公司為中華航空、長榮航空、香港航空、國泰航空、港龍航空，均降落於香港機場第一航廈。

海關

為提供更快速的通關服務，香港海關在各入境管制站實施「紅綠通道系統」，紅色為申報通道，綠色為無須申報通道，入境旅客可選擇適合的通關。

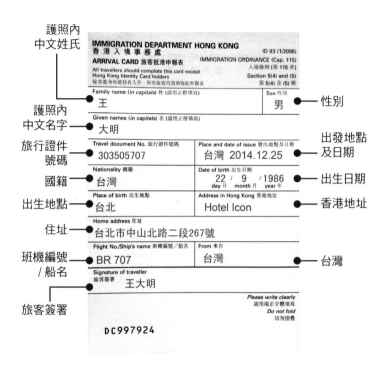

護照內中文姓氏 → 王

護照內中文名字 → 大明

旅行證件號碼 → 303505707

國籍 → 台灣

出生地點 → 台北

住址 → 台北市中山北路二段267號

班機編號/船名 → BR 707

旅客簽署 → 王大明

性別 → 男

出發地點及日期 → 台灣 2014.12.25

出生日期 → 22 / 9 / 1986

香港地址 → Hotel Icon

台灣 → 台灣

IMMIGRATION DEPARTMENT HONG KONG
香港入境事務處
ARRIVAL CARD 旅客抵港申報表
All travellers should complete this card except Hong Kong Identity Card holders
除香港身份證持有人外，所有旅客均須填寫此申報表

ID 93 (1/2006)
IMMIGRATION ORDINANCE (Cap. 115)
入境條例 [第 115 章]
Section 5(4) and (5)
第 5(4) 及 (5) 條

Family name (in capitals) 姓 (請用正楷填寫) / Sex 性別
Given names (in capitals) 名 (請用正楷填寫)
Travel document No. 旅行證件號碼 / Place and date of issue 發出地點及日期
Nationality 國籍 / Date of birth 出生日期 day 日 month 月 year 年
Place of birth 出生地點 / Address in Hong Kong 香港地址
Home address 住址
Flight No./Ship's name 班機編號/船名 / From 來自
Signature of traveller 旅客簽署

Please write clearly
請用端正字體填寫
Do not fold
切勿摺疊

DC997924

機場與交通
TRANSPIRATION

機場快線

搭乘機場快綫前往市區，是所有交通工具中最快速的，從機場到中環只需24分鐘，而且班次密集，05:54～23:28，約10分鐘一班，23:28～00:48，約12分鐘一班。

機場站→香港站：單程$100、來回$180

機場站→九龍站：單程$90、來回$160

機場站→青衣站：單程$60、來回$110

旅行小抄

持機場旅遊票可無限搭乘

如果你是喜歡到處趴趴走的人，可以考慮購買機場快線旅遊票，旅遊票分單程和來回機場快線兩種，價格分別為$220和$300(交還旅遊票還可退回$50)，除了可使用機場快線外，還可以連續3天無限次搭乘港鐵、輕鐵及港鐵巴士(新界西北)，但不包括機場快線額外車程、東鐵，以及來往羅湖或落馬洲站。另外，有些旅行社提供更便宜的機場快線票，大家可以參考後再選擇適合自己的方案。

免費市區預辦登機服務

旅客可於香港站及九龍站享用免費市區預辦登機服務,只要登機前一天至起飛前90分鐘,前往櫃檯預先辦領登機證及託運行李即可。

免費港鐵接駁服務

遊客只須以同一張八達通,1小時內於香港、九龍或青衣站轉乘至機場快線或任何港鐵之車程,即可享免費港鐵接駁服務(如途經尖沙咀站/尖東站轉線,必須於30分鐘內完成)。免費港鐵接駁服務包括羅湖及落馬洲站,但不適用於輕鐵、港鐵巴士及東鐵。

免費穿梭巴士服務

機場快線穿梭巴士服務專為機場快線乘客而設,由香港站或九龍站往返各主要酒店及鐵路轉線站。乘客上車前必須出示有效證明文件,包括機場快線車票(單程、即日來回、來回、機場快線旅遊票)、機票/登機證、機場職員八達通、亞洲博覽館通行證或活動門票。

http 各路線及停留酒店請參考網址

www.mtr.com.hk/ch/customer/services/complom_free_bus.html

機場巴士

許多香港人因為不住在地鐵沿線,所以會更習慣使用巴士,屬於舒適方便、又較經濟實惠的交通工具。

http 各路線請參考網址

www.hongkongairport.com/chi/transport/to-from-airport/bus_from_hkia.html

的士(計程車)

旅客抵達香港國際機場後,可從接機大堂中央出口離開,經左邊坡道前往的士站。香港的士分為紅色市區的士、綠色新界的士、藍色大嶼山的士,不同顏色的候車區也不相同,大家可依前往地點選擇。

http 相關車費可參考網址

www.hongkongairport.com/chi/transport/to-from-airport/taxi.html

港鐵MTR(捷運)

香港的港鐵包括9條市區線、1條機場快綫、12條輕鐵及昂坪360旅遊覽車,班次密集且快速便利,可說是一般遊客使用最多的交通工具。各路線的營運時間有所不同,約06:00～00:00。

http 相關車費可參考網址

www.mtr.com.hk/ch/customer/main/index.html

巴士(公車)

香港的巴士有大巴和小巴兩種,大巴分單層和雙層巴士,由五大公司營運,乘坐上比小巴舒適。小巴則有政府管理的綠色小巴和民間經營的紅色小巴,價格較大巴便宜,但因司機通常喜歡開快車,乘坐上沒有大巴來得舒服,安全也欠保障。

叮叮車

1904年投入服務的香港電車又稱為叮叮車,是香港歷史最為悠久的交通工具之一。叮叮車不只為港島

區居民提供服務，也是許多觀光客來港必訪的景點。由於價格便宜，很受短程客的歡迎。成人\$2.30、孩童\$1.20、長者\$1.10。

http 沿途停靠站可參考網址

www.hktramways.com/zh/tramservice/schedulefare.html

渡輪

香港位處沿海地區，所以海運發達，除了穿梭於九龍及香港島的天星小輪外，還有前往坪洲、長洲、南丫島和大嶼山等離島，甚至澳門及中國沿海城市的渡輪。

消費與購物
SHOPPING

貨幣

法定貨幣為港元。除了10元外，其他紙幣分別由香港上海匯豐銀行、渣打銀行及中國銀行(香港)發行，所以每一款面額的紙鈔，也會有3款不同的設計與顏色。紙鈔有10元、20元、50元、100元、500元和1,000元，硬幣則有1角、2角、5角、1元、5元和10元。不過因為1,000元偽鈔多，大部分商店都不收，另外有部分商店也不收1角和2角，所以Carrie建議買張八達通，不論買東西或搭車都可使用，也可避免拿到一堆零錢。

信用卡

香港是一個信用卡使用相當普遍的地方，不論是吃東西、買東西，甚至小超市都可使用信用卡，所以大家不妨準備張跨國手續費較低的卡片。

小費

在香港，無論飯店、餐廳或商店，收費都已包括稅金和服務費，所以一般無須另給小費，除非覺得服務非常好，則可額外斟酌給予。

折扣季節

香港每年有兩大折扣季，一個是6月底到8月的夏日折扣，一個是聖誕到農曆新年前後的冬季折扣，通常降幅可多達70%～30%，很值得大肆採購一番！

退稅

通常大家到國外旅遊，都會在出關前辦理退稅，有時排隊人龍多到不行，這點在香港是不會看到的，因為香港是一個免稅的地方，所以也就沒有所謂退稅的問題了。

觀光服務台
TRAVEL INFORMATION

資訊中心

目前香港有4個旅客諮詢中心，提供旅客相關資訊和地圖。

香港國際機場旅客諮詢中心：1號客運大樓入境大堂緩衝區A及B

香港島旅客諮詢中心：山頂露天廣場

九龍旅客諮詢中心：尖沙咀天星碼頭

羅湖資訊中心：羅湖客運大樓2樓入境大堂

訂票服務

香港的演藝事業相當發達,國內外的表演節目繁多,如果想到香港觀看秀,別忘了事先上網買票。

City Line購票通:
www.cityline.com/chi/main.html

HK TICKETING快達票:
www.hkticketing.com.hk

日 常 生 活 資 訊

電話

由於國際漫遊費用不低,Carrie建議到香港後,先到7-11購買一張電話卡(約$50左右),香港大部分電信公司都提供撥打本地電話和上網,大家可以斟酌費率和服務再決定購買哪家。

如何撥打電話回台灣

只要撥個「+」號,加國碼,加區碼(去0),再加電話號碼即可,例如要撥02-2367-2044,就要打+886 2 2367 2044。

緊急協助

在香港旅遊途中如遇到問題,例如護照遺失等,可以和駐港單位聯繫,以尋求協助。

台北經濟文化辦事處服務組(香港)

網址:www.tecos.org.hk
地址:香港金鐘道89號力寶中心第一座40樓

電話:+852 2530 1187(諮詢時間:09:00～12:30,13:30～17:00)
緊急連絡電話:+852 6143 9012、+852 9314 0130(24小時,如非急難重大事件,請勿撥打)
緊急求助電話:999(24小時,如同台灣的110)

上網

香港網路通訊十分發達,到處都有免費的Wi-Fi熱點,只要留意「Wi-Fi.HK」的標誌,並利用手機或平板電腦搜尋「Wi-Fi.HK」的網路名稱,便可以免費上網。你也可以在以下場地找到Wi-Fi熱點:

香港政府Wi-Fi通

超過420個政府場地設有免費的Wi-Fi,包括香港機場、旅客諮詢服務中心、客運碼頭、文化中心、熟食市場及熟食中心。

港鐵車站Wi-Fi熱點

所有港鐵車站都設有免費Wi-Fi熱點,只要在貼有「免費Wi-Fi熱點」字樣的附近,以網路名稱「MTR Free Wi-Fi」登入,就可享用每節15分鐘的Wi-Fi服務(每天最多可使用5節)。

香港寬頻HKBN與Y5ZONE Wi-Fi熱點

香港寬頻HKBN及Y5ZONE的免費Wi-Fi熱點包括旅遊景點、大型購物商場、餐廳、麥當勞、星巴克,以及公共交通工具新渡輪等。只要選擇熱點「-Free HKBN Wi-Fi-」或「Y5ZONE」Wi-Fi網路,即可享用每天限時免費無線上網服務。

PCCW Wi-Fi熱點

PCCW的Wi-Fi熱點包括港鐵多個車站大堂及月台、全港的星巴克及太平洋咖啡店、7-Eleven及OK便利店，以及指定的PCCW電話亭。

香港旅遊黃頁簿

觀光服務台、日常生活資訊

旅 行 小 抄

旅遊實用APP推薦

香港·AR旅遊導覽

由香港旅遊發展局和國泰航空公司合作研發的「香港·AR旅遊導覽」，提供了尖端的擴充實境(AR)功能，只要一經啟動功能，手機中的攝錄鏡頭就可以掃描周遭，再提供需要的景點圖像、數據和方向等，而且超豐富的資料庫，不需上網也能使用。

香港乘車易

這是由香港運輸署研發、超級好用的智慧型軟體，只要到網頁版(hketransport.gov.hk)，或是手機下載「香港乘車易」，再選擇出發地點和目的地，系統就會提供多種前往的交通工具、車程時間和費用，是Carrie剛來香港時的好幫手，而且iOS和Android系統通通支援，大大推薦！

OpenRice 開飯喇

OpenRice開飯喇是最多香港人使用的飲食指南，除了提供最新的餐飲資訊，還有餐廳優惠和地圖，無論你想吃什麼都不用擔心找不到！不過因為香港人跟我們口味還是有差異，所以是個好參考，但不是完全保證喔！

粵音字庫

匯集了粵音韻彙、李氏中文字典、廣州話標準音字彙和粵音正讀字彙4本書中的漢字粵音，可說字庫齊全，很適合想嘗試說廣東話的朋友。

電壓

香港的電壓是220伏特／50赫茲，以英式三腳插座為主，有些酒店會提供插座轉換器，可事先詢問或購買。

治安

普遍治安良好，但也是因地而異，例如遊客多的景點和地鐵站，就要小心扒手，出入一些較複雜的地方也要格外注意。

時差

香港和台灣是零時差，所以不會有日夜顛倒的問題。

全年氣溫節慶表

月份	3月 March	4月 April	5月 May
香港氣溫	18.7℃	22.6℃	26.4℃
台灣氣溫	18.5℃	21.9℃	25.2℃
各季氣候	和暖潮濕的春天，氣候較不穩定，日夜溫差也大，平均氣溫17～26度		
節日	• 香港藝術節	• 4/5清明節 • 復活節 • 耶穌受難節	• 5/1 勞動節 • 佛誕(農曆4/8) • 太平清醮 • 譚公誕 • 母親節 (5月第二個週日)
折扣季			

月份	9月 September	10月 October	11月 November
香港氣溫	29℃	26.2℃	22.6℃
台灣氣溫	27.4℃	24.5℃	21.5℃
各季氣候	天氣開始轉涼爽的秋天，是全年最舒服的月份，很適合出外踏青，平均氣溫19～28度		
節日	• 中秋節(農曆8/15)	• 10/1 國慶日 • 重陽節(農曆9/9) • 10/31 萬聖節	• 香港美酒佳餚巡禮
折扣季			

註：未標示日期者，為不同曆法的節日，每年日期皆不同，請上香港一站通查詢。

Travel Information

6月 June	7月 July	8月 August
29℃	29.8℃	29℃
27.7℃	29.6℃	29.2℃

夏天潮濕而炎熱，陽光強烈，偶有驟雨和雷暴，平均氣溫26～31度

• 端午節(農曆5/5) • 父親節 (6月第二個週日)	 • 7/1 香港特別行政區 成立紀念日 • 香港書展	• 盂蘭節(中元節) • 美食博覽會

夏季折扣：6月底～8月

12月 December	1月 January	2月 February
16.3℃	16.3℃	15.5℃
17.9℃	16.1℃	16.5℃

冬天雲量較多，寒流來時，氣溫甚至可降至攝氏10度以下，平均氣溫為12～20度

• 12/25 聖誕節 	• 1/1新年 	• 春節(農曆初一至三) • 元宵節(農曆1/15) • 2/14 西洋情人節

冬季折扣：聖誕節前～春節

國語(普通話)	廣東話	廣東話發音
是	係	嗨
不是	唔喺	M(M如同閉嘴發M)嗨
大	大	呆
小	細	些(如同台語的小)
謝謝、excuse me(如借過)	唔該	M乖
對不起	對唔住	堆M居
不好意思	唔好意思	M猴亦西
計程車	的士	D昔
下車	落車	Lo Tsa
買票	買飛	埋飛
拍照	影像	贏雄
香草	雲呢拿	吻妮拿
巧克力	朱古力	居古咧
草莓	士多啤梨	西兜杯雷
奶油	忌廉	給林(發一聲的林)
法式吐司	西多	西兜
喜歡	中意	仲衣
很一般／很普通	麻麻地	馬馬De
元	文	慢(一聲)
多少錢？	幾多錢？	給兜琴
可不可以刷卡	可不可以唔轆咭	侯M侯以漏咖
便宜點啦	平點啦	品滴啦
你要咖啡還是檸檬茶？	你要咖啡定喺檸檬茶？	妮U嘎飛頂嗨檸擦
excuse me，廁所在哪邊？	唔該，廁所喺邊度？	M乖，七所嗨濱兜
你是哪裡人？	你喺邊度給人	妮嗨濱兜給Yan
我是台灣人	我喺台灣人	偶嗨Toy灣Yan
有沒有大一點的？	有唔大D？	有謀呆D
請講慢一點	請講慢一D	請拱滿壓D

香港地鐵圖

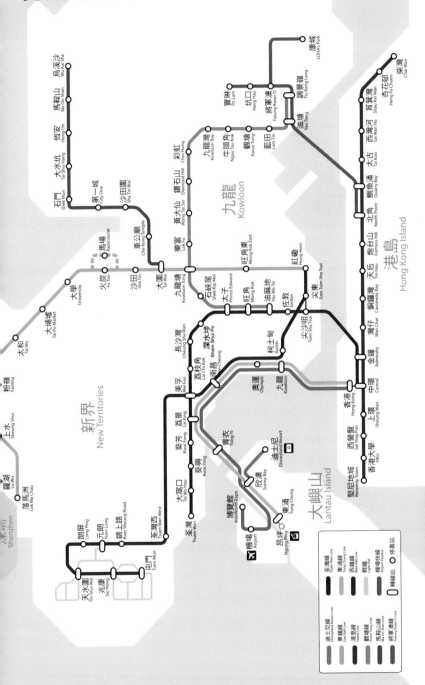

個人旅行 *106*

香港

| 文　　　字 | 林娟妁 |
| 攝　　　影 | 林娟妁 |

總 編 輯	張芳玲
書系企劃	taiya旅遊研究室
書系管理	張焙宜
主責編輯	邱律婷
封面設計	許志忠
美術設計	狐狸・王佩于
地圖繪製	陳淑瑩、許志忠

太雅出版社
TEL：(02)2882-0755　FAX：(02)2882-1500
E-MAIL：taiya@morningstar.com.tw
郵政信箱：台北市郵政53-1291號信箱
太雅網址：http://www.taiya.morningstar.com.tw
購書網址：http://www.morningstar.com.tw
讀者專線：(04)2359-5819 分機230

出 版 者	太雅出版有限公司
	台北市11167劍潭路13號2樓
	行政院新聞局局版台業字第五○○四號
法律顧問	陳思成律師

| 印　　　刷 | 上好印刷股份有限公司　TEL:(04)2315-0280 |
| 裝　　　訂 | 東宏製本有限公司　TEL:(04)2452-2977 |

| 初　　　版 | 西元2015年05月01日 |
| 定　　　價 | 300元 |

(本書如有破損或缺頁，退換書請寄至：台中市工業30路1號 太雅出版倉儲部收)

ISBN　978-986-336-065-0
Published by TAIYA Publishing Co.,Ltd.
Printed in Taiwan

國家圖書館出版品預行編目(CIP)資料

香港 / 林娟 作 . -- 初版. -- 臺北市：太雅, 2015.05
面；公分. -- (個人旅行；106)

ISBN 978-986-336-065-0(平裝)
1.旅遊 2.香港特別行政區

673.869　　　　　　　　103025466